四部要籍選刊·史部

蔣鵬翔 主編

清金陵書局本

後漢書

二

〔南朝宋〕范曄 撰

〔唐〕李賢等注

浙江大學出版社

本册目録

卷九

孝獻帝紀第九……二八九

卷十上

皇后紀第十上……三〇七
光武郭皇后……三一一
光烈陰皇后……三一四
明德馬皇后……三一六
*賈貴人……三二四
章德竇皇后……三二四
和帝陰皇后……三二六
和熹鄧皇后……三二七

卷十下

皇后紀第十下……三四三
安思閻皇后……三四三
順烈梁皇后……三四六
*虞美人……三四八
*陳夫人……三四八
孝崇匽皇后……三四九
桓帝懿獻梁皇后……三五〇
桓帝鄧皇后……三五一
桓思竇皇后……三五三
孝仁董皇后……三五四
靈帝宋皇后……三五五

靈思何皇后……三五七
*王美人……三五七
獻帝伏皇后……三六〇
獻穆曹皇后……三六二
*附皇女……三六四

卷十一

劉玄劉盆子列傳第一……三七一
劉玄……三七一
劉盆子……三八一

卷十二

王劉張李彭盧列傳第二……三九三
王昌……三九三
劉永……三九六
*龐萌……三九八
張步……四〇〇
*王閎……四〇二
李憲……四〇三
彭寵……四〇三
盧芳……四〇八

卷十三

隗囂公孫述列傳第三……四一三
隗囂……四一三
公孫述……四三一

卷十四

宗室四王三侯列傳第四……四四五
齊武王縯……四四五

子北海靖王興……四五一
趙孝王良……四五四
城陽恭王祉……四五五
泗水王歙……四五八
安成孝侯賜……四五九
成武孝侯順……四六一
順陽懷侯嘉……四六二

卷十五

李王鄧來列傳第五……四六五
李通……四六五
王常……四六九
鄧晨……四七四
來歙……四七六
曾孫歷……四八二

卷十六

鄧寇列傳第六……四八七
鄧禹……四八七
子訓……四九六
孫騭……五〇一
寇恂……五〇八
曾孫榮……五一六

卷十七

馮岑賈列傳第七……五二三
馮異……五二三
岑彭……五三六
賈復……五四七

卷十八

吴蓋陳臧列傳第八……五五三
吴漢……五五三
蓋延……五六四
陳俊……五六八
臧宫……五七〇

卷十九

耿弇列傳第九……五七七
耿弇……五七七
弟國……五九〇
國子秉……五九一
秉弟夔……五九三
國弟子恭……五九五

孝獻帝紀第九　　後漢書九

唐章懷太子賢注

孝獻皇帝諱協靈帝中子也諡法曰聰明睿智曰獻協之字曰合張璠記曰靈帝以帝似己故名曰協帝王紀曰協字伯和母王美人為何皇后所害中平六年四月少帝即位封帝為勃海王徙封陳留王九月甲戌即皇帝位年九歲遷皇太后於永安宮董卓遷也洛陽宮殿名曰永安宮周迴六百九十八丈故基在洛陽故城中大赦天下改昭寧為永漢丙子董卓殺皇太后何氏初令侍中給事黃門侍郎員各六人續漢志曰侍中比二千石無員漢官儀曰侍中左蟬右貂本秦丞相史往來殿中故謂之侍中分掌乘輿服物下至褻器虎子之屬武帝時孔安國為侍中以其儒者特聽掌御唾壺朝廷榮之至東京時屬少府亦無員駕出則一人負傳國璽操斬蛇劍參乘與中官俱止禁中又曰給事黃門侍郎六百石無員掌侍從左右給事中使關通中外應劭曰黃門侍郎每日暮向青瑣門拜謂之夕郎輿服志曰禁門曰黃闥以中人主之故號曰黃門令然則黃門郎給事黃闥之內故曰黃門郎本既無員於此各置六人也獻帝起居注曰自誅黃門後侍中侍郎出入禁中機事頗露由是王允乃奏侍中黃門不得出入不通賓客自此始也賜公卿以下至黃門侍郎家一人為郎以補宦官所領諸署侍於殿上靈帝建元四年改平準為中準使宦者為令自是諸內署令丞悉以閹人為之故令並令士人代領之乙酉以太尉劉虞為大司

馬董卓自爲太尉加鈇鉞虎賁禮記曰諸侯賜鈇鉞然後專殺說文曰鈇莝刃也蒼頡篇曰鈇斧也加鈇鉞者得專殺也丙戌太中大夫楊彪爲司空甲午豫州牧黃琬爲司徒遣使弔祠故太傅陳蕃大將軍竇武等冬十月乙巳葬靈思皇后白波賊寇河東薛瑩書曰黃巾郭泰等起於西河白波谷時謂之白波賊董卓遣其將牛輔擊之十一月癸酉董卓自爲相國十二月戊戌司徒黃琬爲太尉司空楊彪爲司徒光祿勳荀爽爲司空省扶風都尉置漢安都護扶風都尉比二千石武帝元鼎四年置中興不改至此以羌擾三輔故省之置都護令總統四方詔除光熹昭寧永漢三號還復中平六年

初平元年春正月山東州郡起兵以討董卓辛亥大赦天下癸酉董卓殺弘農王白波賊寇東郡二月乙亥太尉黃琬司徒楊彪免庚辰董卓殺城門校尉伍瓊督軍校尉周珌珌音必東觀記曰周珌豫州刺史慎之子也續漢書魏志並作毖音祕以光祿勳趙謙爲太尉謝承書曰謙字彥信太尉趙戒之孫蜀郡成都人也太僕王允爲司徒丁亥遷都長安董卓驅徙京師百姓悉西入關自留屯畢圭苑壬辰

白虹貫日三月乙巳車駕入長安幸未央宮未央宮蕭何所造也張璠記曰將入宮日大雨晝晦翟雉飛入長安宮己酉董卓焚洛陽宮廟及人家戊午董卓殺太傅袁隗太僕袁基夷其族隗紹之叔父基袁術之母兄卓以山東兵起依紹術爲主故誅其親屬獻帝春秋曰尺口以上男女五十餘人皆下獄死夏五月司空荀爽薨六月辛丑光祿大夫种拂爲司空大鴻臚韓融少府陰修執金吾胡母班風俗通云胡母姓本陳胡公之後也公子完奔齊遂有齊國齊宣王母弟別封母鄉遠本胡公近取母邑故曰胡母氏也將作大匠吳修越騎校尉王瓌安集關東後將軍袁術河內太守王匡各執而殺之英雄記曰匡字公節太山人也輕財好施以任俠聞爲袁紹河內太守唯韓融獲免董卓壞五銖錢更鑄小錢光武中興除王莽貨泉更用五銖錢冬十一月庚戌鎮星熒惑太白合於尾是歲有司奏和安順桓四帝無功德不宜稱宗又恭懷敬隱恭愍三皇后並非正嫡不合稱后皆請除尊號制曰可和帝號穆宗安帝號恭宗順帝號敬宗桓帝號威宗和帝尊母梁貴人曰恭懷皇后安帝尊祖母宋貴人曰敬隱皇后順帝尊母李氏曰恭愍皇后孫堅殺荊州刺史王叡王氏譜曰叡字通曜晉太保祥伯父也吳錄曰叡素遇堅無禮堅此時欲殺叡叡曰我何罪堅曰坐無所知叡窮迫刮金飲之而死又殺南陽太守張咨

二年春正月辛丑大赦天下二月丁丑董卓自爲太師袁術遣將孫堅與董卓將胡軫戰於陽人（陽人聚名屬河南郡故城在今汝州梁縣西史記秦滅東周徙其君於陽人聚即此地也）軫軍大敗董卓遂發掘洛陽諸帝陵夏四月董卓入長安六月丙戌地震秋七月司空种拂免光祿大夫濟南淳于嘉爲司空太尉趙謙罷太常馬日磾爲太尉九月蚩尤旗見于角亢（天官書曰蚩尤之旗類彗而後曲象旗熒惑之精也呂氏春秋云其色黃上白下見則王者征伐四方角亢蒼龍之星）冬十月壬戌董卓殺衞尉張溫十一月青州黃巾寇太山太山太守應劭擊破之黃巾轉寇勃海公孫瓚與戰於東光復大破之（東光今滄州縣）是歲長沙有人死經月復活

三年春正月丁丑大赦天下袁術遣將孫堅攻劉表於襄陽堅戰歿袁紹及公孫瓚戰于界橋（今貝州宗城縣東有古界城近枯漳水則界橋在此也）瓚軍大敗夏四月辛巳誅董卓夷三族司徒王允錄尚書事總朝政遣使者張种撫慰山東青州黃巾擊殺兗州刺史劉岱於東平東郡太守曹操

大破黄巾於壽張降之五月丁酉大赦天下丁未征西將軍皇甫嵩爲車騎將軍董卓部曲將李傕郭汜樊稠張濟等反攻京師六月戊午陷長安城太常种拂太僕魯旭大鴻臚周奂三輔決錄注曰奂字文明茂陵人城門校尉崔烈越騎校尉王頎並戰歿頎音祈吏民死者萬餘人李傕等並自爲將軍己未大赦天下李傕殺司隸校尉黄琬甲子殺司徒王允皆滅其族丙子前將軍趙謙爲司徒秋七月庚子太尉馬日磾爲太傅錄尚書事八月遣日磾及太僕趙岐持節慰撫天下車騎將軍皇甫嵩爲太尉司徒趙謙罷九月李傕自爲車騎將軍郭汜後將軍樊稠右將軍張濟鎮東將軍濟出屯弘農甲申司空淳于嘉爲司徒光祿大夫楊彪爲司空並錄尚書事冬十二月大尉皇甫嵩免光祿大夫周忠爲太尉參錄尚書事

四年春正月甲寅朔日有食之袁宏記曰時未晡八刻太史令王立奏曰晷過度無變也朝臣皆賀帝令候焉未晡一刻而食賈詡

奏曰立司候不明疑誤上下請付理官帝曰天道遠事驗難明欲歸咎史官益重朕之不德也丁卯大赦天下三月袁術殺揚州
刺史陳溫據淮南長安宣平城門外屋自壞三輔黃圖曰長安城東面北頭門也夏五月
癸酉無雲而雷六月扶風大風雨雹華山崩裂太尉周忠免太僕
朱儁爲太尉錄尚書事下邳賊闕宣自稱天子風俗通曰闕姓也承闕黨童子之後也縱橫家有闕
子著書雨水遣侍御史裴茂訊詔獄原輕繫六月辛丑天狗西北行前書音義
曰有聲爲天狗無聲爲枉矢九月甲午試儒生四十餘人上第賜位郎中次太子舍
人下第者罷之詔曰孔子歎學之不講講習也論語之文不講則所識日忘
今耆儒年踰六十去離本土營求糧資不得專業結童入學白首
空歸長委農野永絕榮望朕甚愍焉其依科罷者聽爲太子舍人
劉艾獻帝紀曰時長安中爲之謠曰頭白皓然食不充糧裹衣褰裳當還故鄉聖主愍念悉用補郎舍是布衣被服玄黃冬十月太學行禮車駕
幸永福城門臨觀其儀賜博士已下各有差辛丑京師地震有星
孛于天市袁宏紀曰孛于天市將從天子移都其後上東遷之應也司空楊彪免太常趙溫爲司空公

孫瓚殺大司馬劉虞。十二月辛丑，地震。司空趙溫免。乙巳，衛尉張喜爲司空。獻帝春秋曰喜作嘉。是歲，琅邪王容薨。

興平元年春正月辛酉，大赦天下，改元興平。甲子，帝加元服。二月壬午，追尊諡皇妣王氏爲靈懷皇后，甲申，改葬于文昭陵。丁亥，帝耕于藉田。三月，韓遂、馬騰與郭汜、樊稠戰於長平觀，遂、騰敗績，左中郎將劉範、前益州刺史种劭戰歿。前書音義曰：長平，阪名也，上有觀，在池陽宮南，去長安五十里。今涇水南原眭城是也。袁宏紀曰：是時馬騰以李傕等專亂，以益州刺史劉焉宗室大臣，遣使招引，共誅傕。焉遣子範將兵就騰。故涼州刺史种劭，太常拂之子也，拂爲傕所害，劭欲報仇，遂爲此戰。夏六月丙子，分涼州河西四郡爲廱州。謂金城、酒泉、燉煌、張掖。丁丑，地震；戊寅，又震。乙巳晦，日有食之，帝避正殿，寢兵，不聽事五日。大蝗。秋七月壬子，太尉朱儁免。戊午，太常楊彪爲太尉，錄尚書事。三輔大旱，自四月至于是月。帝避正殿請雨，遣使者洗囚徒，原輕繫。洗謂蕩滌也。是時穀一斛五十萬，豆麥一斛二十萬，人相食啖，白骨委積。帝使侍御史侯汶出太倉米豆爲飢人作糜粥經日而死者無數帝疑賦卹有虛迺親於御坐前量試作糜迺知非實袁宏紀曰時敕侍中劉艾取米豆五升於御前作糜得滿三盂於是詔尚書曰米豆五升得糜三盂而人委頓何也使侍中劉艾出讓有司於是尚書令以下皆詣省閤謝奏收侯汶考實詔曰未忍致汶于理可杖五十自是之後多得全濟八月馮翊羌叛寇屬縣郭汜樊稠擊破之九月桑復生椹人得以食司徒淳于嘉罷冬十月長安市門自壞以衞尉趙溫爲司徒錄尚書事十二月分安定扶風爲新平郡是歲揚州刺史劉繇與袁術將孫策戰于曲阿策字伯符孫堅子曲阿今潤州縣繇軍敗績孫策遂據江東吳志曰孫策既破繇遂度兵據會稽策自領會稽太守太傅馬日磾薨于壽春壽春縣名屬九江郡今壽春縣也

二年春正月癸丑大赦天下二月乙亥李傕殺樊稠而與郭汜相攻三月丙寅李傕脅帝幸其營焚宫室夏四月甲午立貴人伏氏爲皇后丁酉郭汜攻李傕矢及御前山陽公載記曰時弓弩並發矢下如雨及御所止高樓殿前帷簾也是日

李傕移帝幸北塢服虔通俗文曰營居曰塢一曰庳城也山陽公載記曰時帝在南塢傕在北塢時流矢中傕左耳乃迎帝幸北塢帝不肯從强之迺行大旱五月壬午李傕自爲大司馬六月庚午張濟自陝來和傕汜秋七月甲子車駕東歸郭汜自爲車騎將軍楊定爲後將軍楊奉爲興義將軍董承爲安集將軍並侍送乘輿張濟爲票騎將軍還屯陝八月甲辰幸新豐冬十月戊戌郭汜使其將伍習夜燒所幸學舍逼脅乘輿楊定楊奉與郭汜戰破之壬寅幸華陰露次道南是夜有赤氣貫紫宮獻帝春秋曰赤氣廣六七尺東至寅西至戌地張濟復反與李傕郭汜合十一月庚午李傕郭汜等追乘輿戰於東澗王師敗績殺光祿勳鄧泉衞尉士孫瑞廷尉宣播大長秋苗祀獻帝春秋播作璠也步兵校尉魏桀侍中朱展射聲校尉沮儁風俗通曰沮姓也黃帝時史官沮誦之後音側余反壬申幸曹陽露次田中曹陽澗名在今陝州西南七里俗謂之七里澗崔浩云自南山北通於河楊奉董承引白波帥胡才李樂韓暹及匈奴左賢王去卑率師奉迎與李傕等戰破之十二月庚辰車駕迺

進李傕等復來追戰王師大敗殺略宮人少府田芬大司農張義等皆戰歿進幸陝夜度河乙亥幸安邑是歲袁紹遣將麴義與公孫瓚戰於鮑丘鮑丘水名出北塞中南流經九莊嶺東俗謂之大榆河又東南經漁陽縣故城東是瓚之戰處見水經注瓚軍大敗

建安元年春正月癸酉郊祀上帝於安邑大赦天下改元建安二月韓暹攻衛將軍董承夏六月乙未幸聞喜秋七月甲子車駕至洛陽幸故中常侍趙忠宅丁丑郊祀上帝大赦天下己卯謁太廟八月辛丑幸南宮楊安殿癸卯安國將軍張楊爲大司馬韓暹爲大將軍楊奉爲車騎將軍是時宮室燒盡百官披荊棘依牆壁閒州郡各擁彊兵而委輸不至羣僚飢乏尚書郎以下自出採稆稆音呂埤蒼曰穭自生也稆與穭同或飢死牆壁閒或爲兵士所殺辛亥鎮東將軍曹操自領司隸校尉錄尚書事曹操殺侍中臺崇尚書馮碩等風俗通曰金天氏裔孫曰臺駘其後氏焉山陽公載記曰臺字作壼封衛將軍董承爲輔國將軍伏完等十三人爲列侯

贈沮儁爲弘農太守庚申遷都許己巳幸曹操營九月太尉楊彪司空張喜罷冬十一月丙戌曹操自爲司空行車騎將軍事百官總己以聽

二年春袁術自稱天子三月袁紹自爲大將軍夏五月蝗秋九月漢水溢是歲飢江淮閒民相食袁術殺陳王寵孫策遣使奉貢

三年夏四月遣謁者裴茂率中郎將段煨討李傕夷三族獻帝起居注曰傳傕首到許有詔高懸之也呂布叛冬十一月盜殺大司馬張楊十二月癸酉曹操擊呂布於徐州斬之

四年春三月袁紹攻公孫瓚于易京獲之公孫瓚頻失利迺臨易河築京以自固故號易京其城三重周回六里今內城中有土京在幽州歸義縣南爾雅曰絕高謂之京非人力爲之丘衛將軍董承爲車騎將軍夏六月袁術死是歲初置尚書左右僕射武陵女子死十四日復活續漢志曰女子李娥年六十餘死瘞於城外有行人聞冢中有聲告家人出之

五年春正月車騎將軍董承偏將軍王服越騎校尉种輯受密詔誅曹操事洩壬午曹操殺董承等夷三族秋七月立皇子馮爲南陽王壬午南陽王馮薨九月庚午朔日有食之詔三公舉至孝二人九卿校尉郡國守相各一人皆上封事靡有所諱曹操與袁紹戰於官度裴松之北征記曰中牟臺下臨汴水是爲官度袁紹曹操壘尚存焉在今鄭州中牟縣北紹敗走冬十月辛亥有星孛于大梁大梁酉之分東海王祗薨是歲孫策死爲許貢客所射傷弟權襲其餘業權字仲謀

六年春三月丁卯朔日有食之

七年夏五月庚戌袁紹薨于寘國獻馴象馴象謂隨人意也是歲越巂男子化爲女子

八年冬十月己巳公卿初迎冬於北郊斯禮久廢故曰初總章始復備八佾舞袁宏紀云迎氣北郊始用八佾佾列也謂舞者之行列往因亂廢今始備之總章樂官名古之安代樂初置司直官督中都官司直

秩比二千石武帝元狩五年置掌佐丞相舉不法也建武十一年省今復置之

九年秋八月戊寅曹操大破袁尚平冀州自領冀州牧冬十月有星孛于東井十二月賜三公已下金帛各有差自是三年一賜已爲常制

十年春正月曹操破袁譚於青州斬之魏書曰操攻譚不剋逎自執桴鼓應時破之夏四月黑山賊張燕率衆降魏志曰燕本姓褚常山眞定人也黃巾起燕合聚少年爲羣盜萬餘人博陵人張牛角爲主牛角死燕代爲主故改姓張燕剽勇軍中號曰張飛燕衆至百萬號曰黑山賊秋九月賜百官尤貧者金帛各有差

十一年春正月有星孛于北斗三月曹操破高幹於并州獲之典論曰上洛都尉王琰敗之追斬其首秋七月武威太守張猛殺雍州刺史邯鄲商袁宏漢紀曰雍州作涼州也是歲立故琅邪王容子熙爲琅邪王齊北北海阜陵下邳常山甘陵濟陰平原八國皆除

十二年秋八月曹操大破烏桓於柳城斬其蹋頓蹋頓匈奴王號柳城縣名屬遼西郡今營州縣

冬十月辛卯有星孛于鶉尾鶉尾巳之分也乙巳黃巾賊殺濟南王贇河間孝王五代孫十一月遼東太守公孫康殺袁尚袁熙

十三年春正月司徒趙溫免夏六月罷三公官置丞相御史大夫癸巳曹操自爲丞相秋七月曹操南征劉表八月丁未光祿勳郗慮爲御史大夫續漢書曰慮字鴻豫山陽高平人也少受學於鄭玄壬子曹操殺太中大夫孔融夷其族是月劉表卒少子琮立琮以荆州降操冬十月癸未朔日有食之曹操以舟師伐孫權權將周瑜敗之於烏林赤壁

十四年冬十月荆州地震

十五年春二月乙巳朔日有食之

十六年秋九月庚戌曹操與韓遂馬超戰於渭南遂等大敗關西平曹瞞傳曰時婁子伯說操曰今天寒可起沙爲城以水灌之可一夜而成公從之比明城立超遂數挑戰不利操縱虎騎夾擊大破之超遂走涼州是歲趙王赦薨

十七年夏五月癸未誅衞尉馬騰夷三族六月庚寅晦日有食之

秋七月淯水潁水溢螟八月馬超破涼州殺刺史韋康九月庚戌立皇子熙爲濟陰王懿爲山陽王邈爲濟北王敦爲東海王山陽公載記曰時許靖在巴郡聞立諸王曰將欲歙之必姑張之將欲奪之必姑與之其孟德之謂乎冬十二月星孛于五諸侯五諸侯星名也

十八年春正月庚寅復禹貢九州獻帝春秋曰時省幽幷州以其郡國幷於冀州省司隸校尉及涼州以其郡國幷爲雍州省交州幷荊州益州於是有兗豫青徐荊揚冀益雍也九州數雖同而禹貢無益州有梁州然梁益亦一地也夏五月丙申曹操自立爲魏公加九錫案禮含文嘉曰九錫謂一曰車馬二曰衣服三曰樂器四曰朱戶五曰納陛六曰虎賁七百人七曰斧鉞八曰弓矢九曰秬鬯大雨水徙趙王珪爲博陵王是歲歲星鎭星熒惑俱入太微是年秋三星逆行入太微守帝座五十日彭城王和薨

十九年夏四月旱五月雨水劉備破劉璋據益州冬十月曹操遣將夏侯淵討宋建于枹罕獲之枹罕縣屬金城郡今河州縣也魏志曰淵字妙才沛國譙人也十一月丁卯曹操殺皇后伏氏滅其族及二皇子山陽公載記曰劉備在蜀聞之遂發喪

二十年春正月甲子立貴人曹氏爲皇后賜天下男子爵人一級

孝悌力田二級賜諸王侯公卿巳下穀各有差秋七月曹操破漢中張魯降

二十一年夏四月甲午曹操自進號魏王五月己亥朔日有食之秋七月匈奴南單于來朝是歲曹操殺琅邪王熙國除坐謀欲渡江被誅

二十二年夏六月丞相軍師華歆爲御史大夫冬有星孛于東北是歲大疫

二十三年春正月甲子少府耿紀丞相司直韋晃起兵誅曹操不克夷三族三輔決錄曰時有京兆金禕字德偉自以代爲漢臣迺發憤與耿紀韋晃欲挾天子以攻魏南援劉備事敗夷三族三月有星孛于東方杜預注左傳云平旦衆星皆沒而孛星迺見故不言所在之次

二十四年春二月壬子晦日有食之夏五月劉備取漢中秋七月庚子劉備自稱漢中王八月漢水溢冬十一月孫權取荊州

二十五年春正月庚子魏王曹操薨魏志曰操字孟德薨時年六十六子丕襲位魏志曰丕字子

（桓操之太子）二月丁未朔日有食之三月改元延康冬十月乙卯皇帝遜位魏王丕稱天子（遜讓也獻帝春秋曰帝時召羣臣卿士告祠高廟詔太常張音持節奉策璽綬禪位于魏王迺爲壇於繁陽故城魏王登壇受皇帝璽綬）奉帝爲山陽公（山陽縣名屬河內郡故城在今懷州修武縣西北）邑一萬戶位在諸侯王上奏事不稱臣受詔不拜以天子車服郊祀天地宗廟祖臘皆如漢制都山陽之濁鹿城（濁鹿一名濁城亦名清陽城在今懷州修武東北）四皇子封王者皆降爲列侯明年劉備稱帝于蜀孫權亦自王於吳於是天下遂三分矣魏青龍二年三月庚寅山陽公薨自遜位至薨十有四年年五十四謚孝獻皇帝八月壬申以漢天子禮儀葬于禪陵（續漢書曰天子葬太僕駕四輪輴爲賓車大練爲屋幙中黃門虎賁各二十人執紼司空擇土造穿太史卜日將作作黃腸題湊便房如禮大駕太僕御方相氏黃金四目蒙熊皮玄衣朱裳執戈揚楯立乘四馬先驅旂長三仞十有二旒曳地畫日月升龍書旐曰天子之柩謁者二人立乘六馬爲次太常跪哭曰十五舉音止哭晝漏上請發司徒河南尹先引車轉太常曰請拜送車著白絲三紲紼長三十丈圍七寸六行行五十人公卿已下子弟凡三百人皆素幘委貌冠衣素裳挽校尉三百人皆赤幘不冠持幢幡皆銜枚羽林孤兒巴俞擢歌者六十人爲六列司馬八人執鐸至陵南羨門司徒跪請就下房都導東園武士奉入房執事下明器太祝進醴獻司空將校復土擢音徒了反帝王紀曰禪陵在濁鹿城西北十里在今懷州修武縣北二十五里陵高二丈周回二百步劉澄之地記云以漢禪魏故以名焉）置園

邑令丞太子早卒孫康立五十一年晉太康六年薨子瑾立四年太康十年薨子秋立二十年永嘉中爲胡賊所殺國除

論曰傳稱鼎之爲器雖小而重故神之所寶不可奪移左氏傳王孫滿曰桀有昏德鼎遷於商商紂暴虐鼎遷於周德之休明雖小重也其姦回昏亂雖大輕也故言神之所寶不可奪移至令負而趨者此亦窮運之歸乎言神器至重彼人負而趨走者斯亦窮盡之運歸於此時乎言不可復振也莊子曰藏舟於壑藏山於澤謂之固矣然而有力者負之而趨而昧者不知天厭漢德久矣山陽其何誅焉厭倦誅責也漢自和帝以後政教陵遲故言天厭漢德久矣禍之來也非獨山陽公之過其何所誅責乎左傳宋子魚曰天既厭商德孔子曰於予與何誅

贊曰獻生不辰身播國屯辰時也播遷也言獻帝生不逢時身既播遷國又屯難詩曰我生不辰左傳曰震蕩播越終我四百永作虞賓春秋孔演圖曰劉四百歲之際褒漢王輔皇王以期有名不就宋均注曰雖褒族人爲漢王以自輔以當有應期名見攝錄者故名不就也虞賓謂舜以堯子丹朱爲賓商書曰虞賓在位是也以喻山陽公爲魏之賓也

孝獻帝紀第九　後漢書九

金陵書局仿汲古閣本刊

皇后紀第十上　　後漢書十

唐章懷太子賢注

夏殷以上后妃之制其文略矣周禮王者立后鄭玄注禮記曰后之言後言在夫之後也三夫人九嬪二十七世婦八十一女御以備內職焉后正位宮闈同體天王夫人坐論婦禮鄭玄注周禮云夫人之於后猶三公之於王坐而論婦禮也九嬪掌教四德九嬪比九卿周禮曰九嬪掌婦學之法以教九御也四德謂婦德婦言婦容婦功也世婦主喪祭賓客婦服也明其能服事於人也比二十七大夫周禮世婦掌祭祀賓客喪紀之事祭之日涖陳女宮之具凡內羞之物掌弔臨于卿大夫之喪女御序于王之燕寢御謂進御于王也比八十一元士周禮曰女御敘于王之燕寢以歲時獻功事也頒官分務各有典司女史彤管記功書過周禮云女史掌王后之禮書內令凡后之事以禮從也鄭玄注云亦如太史之於王也彤管赤管筆也詩云詒我彤管注云古者后夫人必有女史彤管之法也居有保阿之訓動有環珮之響列女傳曰齊孝公孟姬華氏之女從孝公遊車奔姬墮車碎孝公使駟馬立車載姬姬泣曰妾聞妃下堂必從傅母保阿進退則鳴玉佩環今立車無軿非敢受命進賢才以輔佐君子哀窈窕而不淫其色詩序云關雎樂得淑女以配君子憂在進賢不淫其色哀窈窕思賢才而無傷善之心毛萇注云窈窕幽閒也所以能述宣陰化修成內則周禮內宰職曰以陰禮教六宮以婦職之法教九御閨房肅雍險

謁不行也肅敬也雍和也謁請也言能輔佐君子和順恭敬不行私謁詩序曰雖則王姬猶執婦道以成肅雍之德又曰而無險詖私謁之心故康王晚朝關雎作諷前書音義曰后夫人雞鳴佩玉去君所周康王后不然故詩人歎而傷之見魯詩宣后晏起姜氏請愆列女傳曰周宣姜后齊侯之女也宣王常夜臥晏起后夫人不出房姜后既出迺脫簪珥待罪於永巷使傅母通言於王曰妾不才淫心見矣至使君王失禮而晏起以見君王樂色忘德敢請罪惟君王之命王曰寡人之過夫人何辜遂勤政事成中興之名焉及周室東遷禮序凋缺幽王時西夷犬戎共攻殺幽王于驪山之下太子宜臼立是爲平王東遷洛邑以避犬戎政遂微弱諸侯僭縱軌制無章齊桓有如夫人者六人左傳曰桓公多內寵有如夫人者六人長衛姬少衛姬鄭姬葛嬴密姬宋華子也晉獻升戎女爲元妃元妃嫡夫人也史記曰晉獻公伐驪戎得驪姬愛幸立以爲妃終於五子作亂桓公六夫人生六子桓公卒立公子昭於是公子無虧公子元公子潘公子商人公子雍等五公子皆求立公子昭奔宋是作亂也家嗣遘屯家大也遘遇也屯難也晉獻公受驪姬之譖殺太子申生故曰遇屯爰逮戰國風憲逾薄適情任欲顛倒衣裳上曰衣下曰裳詩曰綠兮衣兮綠衣黃裳鄭玄曰褖衣黑今反以黃爲裏非其禮制諭妾上僭也㠯至破國亡身不可勝數斯固輕禮弛防先色後德者也秦并天下多自驕大宮備七國史記曰始皇破六國寫放其宮室作之咸陽北坂上南臨渭水殿屋複道周閣相屬所得諸侯美人以充入之幷秦爲七也爵列九品前書曰漢興因秦之稱號正嫡稱皇后妾皆稱夫人又有美人良人八子七子長使少使之號漢興因循其號而婦制莫釐釐理高祖帷薄不修大戴禮曰大臣

坐汚穢男女無別者不曰汚穢曰帷薄不修謂周昌入奏事高帝擁戚姬是不修也孝文衽席無辨鄭玄注禮記曰衽卧席也孝文幸愼夫人每與皇后同坐是無辨也然而選納尚簡飾翫少華自武元之後世增淫費至乃掖庭三千增級十四婕好一娙娥二容華三充衣四已上武帝置昭儀五元帝置美人六良人七七子八八子九長使十少使十一五官十二順常十三舞涓共和娛靈保林良娣使夜者十四此六官品秩同爲一等也妖幸毁政之符外姻亂邦之迹前史載之詳矣及光武中興斵彫爲朴彫謂刻鏤也史記曰漢興破觚而爲圜斵彫而爲璞六宮稱號唯皇后貴人鄭玄注周禮曰皇后正寢一燕寢五是爲六宮也夫人已下分居焉貴人金印紫綬奉不過粟數十斛又置美人宮人采女三等並無爵秩歲時賞賜充給而已漢法常因八月算人漢儀注曰八月初爲算賦故曰算人遣中大夫與掖庭丞及相工於洛陽鄉中閱視良家童女年十三已上二十已下姿色端麗合法相者載還後宮擇視可否迺用登御所以明愼聘納詳求淑哲明帝聿遵先旨宮教頗修登建嬪后必先令德內無出閫之言閫門限也禮記曰外言不入於閫內言不出於閫也權無私溺之授可謂矯其敝矣向使因設外戚之禁編著甲令前書音義曰甲令者

前帝第一令也有甲令乙令丙令改正后妃之制貽厥方來豈不休哉雖御己有度而防閑未篤故孝章以下漸用色授恩隆好合遂忘淄蠹淄黑也蠹食木蠹以諭傾敗也自古雖主幼時艱王家多釁必委成冢宰簡求忠賢未有專任婦人斷割重器唯秦芈太后始攝政事芈音亡爾反故穰侯權重於昭王家富於嬴國太后昭王母也號宣太后史記曰昭王立年少宣太后自知事以同母弟魏冉為將軍任政封為穰侯太后攝政始於此也漢仍其謬知患莫改東京皇統屢絕權歸女主外立者四帝謂安質桓靈臨朝者六后章帝竇太后和熹鄧太后安思閻太后順烈梁太后桓思竇太后靈思何太后也莫不定策帷帟委事父兄貪孩童以久其政抑明賢以專其威周禮幕人掌幃帟幄幕之事鄭玄注曰帟幄中坐上承塵也殤帝崩鄧太后與兄隲等迎立安帝年十三沖帝崩梁太后與兄冀迎立質帝年八歲質帝崩太后與兄冀迎立桓帝年十五桓帝崩竇太后與兄武迎立靈帝年十二任重道悠利深禍速身犯霧露於雲臺之上霧露謂疾病也不可指言死故假霧露以言之靈帝時中常侍曹節矯詔遷太后於雲臺謝弼上封事曰伏惟皇太后援立明聖幽居空宮如有霧露之疾陛下當何面目以見天下家嬰縲絏於圄犴之下縲索也絏繫也囹圄周獄名也鄉亭之獄曰犴音五旦反謂外戚等被誅也湮滅連踵傾輈繼路踵跡也輈車轅也賈誼曰前車覆後車誡而赴蹈不息燋爛為期終於

陵夷大運淪亡神寶陵夷猶頽替神寶帝位也詩書所歎畧同一揆故考列行跡㠯爲皇后本紀雖成敗事異而同居正號者並列于篇其㠯私恩追尊非當時所奉者則隨它事附出謂安帝母左姬及祖母宋貴人之類並見淸河孝王傳親屬別事各依列傳其餘無所見則係之此紀謂賈貴人虞美人之類是也㠯纘西京外戚云爾纘繼也

光武郭皇后諱聖通眞定稾人也稾縣名故城在今恆州稾城縣西爲郡著姓父昌讓田宅財產數百萬與異母弟國人義之仕郡功曹娶眞定恭王女號郭主恭王名普景帝七代孫生后及子況昌早卒郭主雖王家女而好禮節儉有母儀之德更始二年春光武擊王郎至眞定因納后有寵及卽位㠯爲貴人建武元年生皇子彊帝善況小心謹愼年始十六拜黃門侍郎二年貴人立爲皇后彊爲皇太子封況緜蠻侯㠯后弟貴重賓客輻湊況恭謙下士頗得聲譽十四年遷城門校尉其後

后㠯寵稍衰數懷怨懟十七年遂廢爲中山王太后進后中子右翊公輔爲中山王㠯常山郡益中山國徙封況大國爲陽安侯陽安縣屬汝南郡故城在今豫州朗山縣故道國城是也后從兄竟㠯騎都尉從征伐有功封爲新郪侯官至東海相新郪縣屬汝南郡故城在今潁州汝陰縣西北郪丘城是也音七私反竟弟匡爲發干侯發干縣屬東郡故城在今博州堂邑縣西南官至太中大夫后叔父梁早終無子其壻南陽陳茂㠯恩澤封南䜌侯䜌音力全反二十年中山王輔復徙封沛王后爲沛太后況遷大鴻臚帝數幸其弟會公卿諸侯親家飲燕賞賜金錢縑帛豐盛莫比京師號況家爲金穴二十六年后母郭主薨帝親臨喪送葬百官大會遣使者迎昌喪柩與主合葬追贈昌陽安侯印綬諡曰思侯二十八年后薨葬於北芒帝憐郭氏詔況子璜尚淯陽公主除璜爲郎顯宗卽位況與帝舅陰識陰就並爲特進數授賞賜恩寵俱渥禮待陰郭每事必均永平二年況卒贈賜甚厚帝親自

臨喪謚曰節侯子璜嗣元和三年肅宗北巡狩過眞定會諸郭朝見上壽引入倡飲甚歡（說文曰倡樂也聲類曰俳）已太牢具上郭主冢賜粟萬斛錢五十萬永元初璜爲長樂少府（長樂少府掌皇太后宮秩二千石居長信宮曰長信少府長樂宮曰長樂少府）子舉爲侍中兼射聲校尉及大將軍竇憲被誅舉曰憲女壻謀逆故父子俱下獄死家屬徙合浦（郡名今廉州縣）宗族爲郎吏者悉免官新郪侯竟初爲騎將（前書曰車戶騎將屬光祿秩比千石）從征伐有功拜東海相永平中卒子嵩嗣嵩卒追坐染楚王英事國廢建初二年章帝紹封嵩子勤爲伊亭侯勤無子國除發干侯匡官至太中大夫建武三十年卒子勳嗣勳卒子駿嗣永平十三年亦坐楚王英事失國建初三年復封駿爲觀都侯卒無子國除郭氏侯者凡三人皆絕國

論曰物之興衰情之起伏理有固然矣而崇替去來之甚者必唯寵惑乎當其接牀笫承恩色雖險情贅行莫不德焉（說文曰贅肬也老子曰餘食贅行河

（上公注曰行之無當爲贅莊子曰附贅懸肬言醜惡也）及至移意愛析嬿私雖惠心妍狀愈獻醜焉愛升則天下不足容其高歡隊故九服無所逃其命斯誠志士之所沈溺君人之所抑揚未或違之者也郭后以衰離見貶恚怨成尤而猶恩加別館增寵黨戚至乎東海遜巡去就以禮使後世不見隆薄進退之隙不亦光於古乎

光烈陰皇后諱麗華（謚法曰執德遵業曰烈東觀記有陰子公者生子方方生幼公公生君孟名睦卽后之父也今世本睦作陸）南陽新野人初光武適新野聞后美心悅之後至長安見執金吾車騎甚盛因歎曰仕宦當作執金吾娶妻當得陰麗華更始元年六月遂納后於宛當成里時年十九及光武爲司隸校尉方西之洛陽令后歸新野及鄧奉起兵后兄識爲之將后隨家屬徙淯陽止於奉舍光武卽位令侍中傅俊迎后與胡陽寍平主諸宮人俱到洛陽以后爲貴人（寍平縣屬淮陽故城在今亳州谷陽縣西南）帝以后雅性寬仁欲崇以尊位后

固辭㠯郭氏有子終不肯當故遂立郭皇后建武四年從征彭寵生顯宗於元氏九年有盜劫殺后母鄧氏及弟訢（音欣）帝甚傷之迺詔大司空曰吾微賤之時娶於陰氏因將兵征伐遂各別離幸得安全俱脫虎口（莊子曰孔子見盜跖謂柳下惠曰幾不免於虎口）㠯貴人有母儀之美宜立爲后而固辭弗敢當列於媵妾（爾雅曰媵送也孫炎曰送女曰媵）朕嘉其義讓許封諸弟未及爵土而遭患逢禍母子同命愍傷于懷小雅曰將恐將懼惟予與汝將安將樂汝轉弃予（谷風之詩）風人之戒可不愼乎其追爵謚貴人父陸爲宣恩哀侯弟訢爲宣義恭侯㠯弟就嗣哀侯後及尸柩在堂使太中大夫拜授印綬如在國列侯禮魂而有靈嘉其寵榮十七年廢皇后郭氏而立貴人制詔三公曰皇后懷執怨懟數違教令不能撫循它子訓長異室宮闈之內若見鷹鸇（爾雅曰宮中小門謂之闈）既無關雎之德而有呂霍之風豈可託㠯幼孤恭承明祀今遣大司徒涉

（戴涉也）宗正吉持節其上皇后璽綬陰貴人鄉里良家歸自微賤（公羊傳曰婦人謂嫁曰歸）自我不見于今三年（詩豳風東山之詞也）宜奉宗廟爲天下母主者詳案舊典時上尊號異常之事非國休福不得上壽稱慶后在位恭儉少嗜玩不喜笑謔性仁孝多矜慈七歲失父雖已數十年言及未嘗不流涕帝見常歎息顯宗即位尊后爲皇太后永平三年冬帝從太后幸章陵置酒舊宅會陰鄧故人諸家子孫並受賞賜七年崩在位二十四年年六十合葬原陵明帝性孝愛追慕無已十七年正月當謁原陵夜夢先帝太后如平生歡既寤悲不能寐即案歷明旦日吉遂率百官及故客上陵其日降甘露於陵樹帝令百官采取以薦會畢帝從席前伏御牀視太后鏡奩中物（奩鏡匣也音廉）感動悲涕令易脂澤裝具左右皆泣莫能仰視焉

明德馬皇后諱某（謚法曰忠和純淑曰德諱某者史失其名下皆類此）伏波將軍援之小女也少喪

父母兄客卿敏惠早夭母藺夫人悲傷發疾慌惚后時年十歲幹理家事勑制僮御幹正也廣雅曰僮御皆使者也內外諮禀事同成人初諸家莫知者後聞之咸歎異焉后嘗久疾太夫人令筮之筮者曰此女雖有患狀而當大貴兆不可言也後又呼相者使占諸女見后大驚曰我必爲此女稱臣然貴而少子若養它子者得力迺當踰於所生初援征五溪蠻卒於師虎賁中郎將梁松黃門侍郎竇固等因譖之由是家益失埶又數爲權貴所侵侮后從兄嚴不勝憂憤白太夫人絕竇氏婚求進女掖庭乃上書曰臣叔父援孤恩不報孤負也而妻子特獲恩全戴仰陛下爲天爲父人情既得不死便欲求福竊聞太子諸王妃匹未備援有三女大者十五次者十四小者十三儀狀髮膚上中以上東觀記曰明帝馬皇后美髮爲四起大髻但以髮成尚有餘繞髻三匝眉不施黛獨左眉角小缺補之如粟嘗稱疾而終身得意皆孝順小心婉靜有禮婉順願下相工簡其可否如有萬一援不朽於

黃泉矣又援姑姊妹並爲成帝婕妤葬於延陵臣嚴幸得蒙恩更生冀因緣先姑當充後宮由是選后入太子宮時年十三奉承陰后傍接同列禮則修備上下安之遂見寵異常居後堂顯宗卽位㠯后爲貴人時后前母姊女賈氏亦㠯選入生肅宗帝㠯后無子命令養之謂曰人未必當自生子但患愛養不至耳后於是盡心撫育勞悴過於所生肅宗亦孝性淳篤恩情天至母子慈愛始終無纖介之閒纖介猶微細也閒隙也后常㠯皇嗣未廣每懷憂歎薦達左右若恐不及後宮有進見者每加慰納若數所寵引輒增隆遇永平三年春有司奏立長秋宮皇后所居宮也長者久也秋者萬物成孰之初也故以名焉請立皇后不敢指言故以宮稱之帝未有所言皇太后曰馬貴人德冠後宮卽其人也遂立爲皇后先是數曰夢有小飛蟲無數赴著身又入皮膚中而後飛出旣正位宮闈愈自謙肅身長七尺二寸方口美髮能誦易好讀春秋楚辭尤善周官

董仲舒書（周官周禮也仲舒書玉杯蕃露淸明竹林之屬也蕃音繁）常衣大練裙不加緣（大練大帛也杜預注左傳曰大帛厚繒也太后兄廖上書曰今陛下躬服厚繒是也）朔望諸姬主朝請（漢律春曰朝秋曰請）望見后袍衣疏麤反以爲綺縠就視迺笑后辭曰此繒特宜染色故用之耳六宮莫不歎息帝嘗幸苑囿離宮后輒以風邪露霧爲戒辭意款備多見詳擇帝幸濯龍中（續漢志曰濯龍園名也近北宮）並召諸才人下邳王已下皆在側請呼皇后帝笑曰是家志不好樂雖來無歡是以遊娛之事希嘗從焉十五年帝按地圖將封皇子悉半諸國后見而言曰諸子食數縣於制不已儉乎帝曰我子豈宜與先帝子等乎歲給二千萬足矣時楚獄連年不斷囚相證引坐繫者甚衆后慮其多濫乘閒言及惻然帝感悟之夜起彷徨爲思所納（思后所納之言）卒多有所降宥時諸將奏事及公卿較議難平者（廣雅曰較明也）帝數以試后后輒分解趣理各得其情每於侍執之際輒言及政事多所毗補而未嘗以家私干欲寵

敬曰隆始終無衰及帝崩肅宗即位尊后曰皇太后諸貴人當徙居南宮太后感析別之懷各賜王赤綬加安車駟馬白越三千端（白越越布）雜帛二千匹黃金十斤自撰顯宗起居注削去兄防參醫藥事帝請曰黃門舅旦夕供養且一年既無褒異又不錄勤勞無乃過乎太后曰吾不欲令後世聞先帝數親后宮之家故不著也建初元年欲封爵諸舅太后不聽明年夏大旱言事者以為不封外戚之故有司因此上奏宜依舊典（漢制外戚以恩澤封侯故曰舊典也）太后詔曰凡言事者皆欲媚朕以要福耳昔王氏五侯同日俱封（成帝封太后弟王譚王商王立王根王逢時等同時為關內侯）其時黃霧四塞不聞澍雨之應又田蚡竇嬰寵貴橫恣傾覆之禍為世所傳（田蚡景帝王皇后同母弟武安侯也為丞相貪驕與淮南王霸上私語後薨武帝曰使武安侯在者族矣竇嬰文帝竇皇后從兄子魏其侯也為丞相坐與灌夫朋黨棄市也）故先帝防慎舅氏不令在樞機之位（樞機近要之官也春秋運斗樞曰北斗第一天樞第二琁第三機也）諸子之封裁令半楚淮陽諸國常謂我子不當與先帝子等今有司

奈何欲以馬氏比陰氏乎吾爲天下母而身服大練食不求甘左右但著帛布無香薰之飾者欲身率下也以爲外親見之當傷心自勑但笑言太后素好儉前過濯龍門上見外家問起居者車如流水馬如游龍倉頭衣綠褠領袖正白（褠臂衣今之臂韝以縛左右手於事便也）顧視御者不及遠矣故不加譴怒但絶歲用而已冀以默愧其心而猶懈怠無憂國忘家之慮知臣莫若君況親屬乎吾豈可上負先帝之旨下虧先人之德重襲西京敗亡之禍哉固不許（西京外戚呂祿呂產竇嬰上官桀安父子霍禹等皆被誅）

帝省詔悲歎復重請曰漢興舅氏之封侯猶皇子之爲王也太后誠存謙虛奈何令臣獨不加恩三舅乎且衞尉年尊兩校尉有大病（衞尉太后兄廖兩校尉兄防兄光也）如令不諱使臣長抱刻骨之恨宜及吉時不可稽留太后報曰吾反覆念之思令兩善豈徒欲獲謙讓之名而使帝受不外施之嫌哉（以恩澤封爵外家爲外施也）昔竇太后欲封王皇后之兄（竇太后文帝后也王

皇后景帝后也兄卽王信後封爲蓋侯丞相條侯言受高祖約無軍功非劉氏不侯條侯周亞夫也前書曰高帝與功臣約非劉氏不王非有功不侯不如約天下共擊之今馬氏無功於國豈得與陰郭中興之后等邪常觀富貴之家祿位重疊猶再實之木其根必傷文子曰再實之木根必傷掘藏之家後必殃也且人所以願封侯者欲上奉祭祀下求溫飽耳今祭祀則受四方之珍衣食則蒙御府餘資斯豈不足而必當得一縣乎吾計之孰矣勿有疑也夫至孝之行安親爲上今數遭變異穀價數倍憂惶晝夜不安坐臥而欲先營外封違慈母之拳拳乎拳拳猶勤勤也音權吾素剛急有匈中氣不可不順也若陰陽調和邊境清靜然後行子之志吾但當含飴弄孫方言曰飴餳也陳楚宋衞之間通語不能復關政矣時新平主家御者失火延及北閣後殿太后以爲己過起居不歡時當謁原陵自引守備不慎慙見陵園遂不行初太夫人葬起墳微高太后以爲言兄廖等卽時減削其外親有謙素義行者輒假借溫言賞以

財位如有纖介則先見嚴恪之色然後加譴其美車服不軌法度者便絕屬籍遣歸田里廣平鉅鹿樂成王車騎朴素無金銀之飾帝以白太后太后即賜錢各五百萬於是內外從化被服如一諸家惶恐倍於永平時迺置織室蠶於濯龍中前書有東織西織屬少府平帝改名織室數往觀視以為娛樂常與帝旦夕言道政事及教授諸小王論語經書述敘平生雍和終日四年天下豐稔方垂無事帝遂封三舅廖防光為列侯並辭讓願就關內侯太后聞之曰聖人設教各有其方知人情性莫能齊也禮記王制曰凡居人材必因天地寒暖燥濕廣谷大川異制人居其間異俗修其教不易其俗齊其政不易其宜中國戎夷五方之人皆有性也不可推移吾少壯時但慕竹帛志不顧命言少慕古人書名竹帛不顧命之長短今雖已老而復戒之在得論語孔子曰少之時戒之在色及其老也戒之在得得貪得也言彌復吝惜封爵不欲濫封親戚也故日夜惕厲思自降損惕懼也厲危也居不求安食不念飽冀乘此道不負先帝所以化導兄弟共同斯志欲令瞑目之日無所復恨何意老志復不從哉萬年

之日長恨矣廖等不得已受封爵而退位歸第焉太后其年寢疾不信巫祝小醫數敕絕禱祀至六月崩在位二十三年年四十餘合葬顯節陵

賈貴人南陽人建武末選入太子宮中元二年生肅宗而顯宗以爲貴人帝既爲太后所養專以馬氏爲外家故貴人不登極位賈氏親族無受寵榮者及太后崩迺策書加貴人王赤綬（續漢書曰諸侯王赤綬也）安車一駟永巷宮人二百（永巷宮中署名也後改爲掖庭永巷宮人即宮婢也）御府雜帛二萬匹大司農黃金千斤錢二千萬

章德竇皇后諱某扶風平陵人大司徒融之曾孫也祖穆父勳坐事死事在竇融傳勳尚東海恭王彊女沘陽公主后其長女也家既廢壞數呼相工問息秏（薛氏韓詩章句曰秏惡也息秏猶言善惡也）見后者皆言當大尊貴非臣妾容貌年六歲能書親家皆奇之建初二年后與女弟俱以

選例入見長樂宮進止有序風容甚盛肅宗先聞后有才色數以訊諸姬傅（訊問也傅謂傅母）及見雅以爲美馬太后亦異焉因入掖庭見於北宮章德殿后性敏給傾心承接稱譽日聞明年遂立爲皇后妹爲貴人七年追爵謚后父勳爲安成思侯（安成縣屬汝南郡故城在今豫州吳房縣東南）后寵幸殊特專固後宮初宋貴人生皇太子慶梁貴人生和帝后既無子並疾忌之數間於帝漸致疏嫌因誣宋貴人挾邪媚道遂自殺廢慶爲清河王語在慶傳梁貴人者梁竦之女也少失母爲伯母舞陰長公主所養（長公主光武女梁松尚焉）年十六建初二年亦與中姊俱選入掖庭爲貴人四年生和帝后養爲己子欲專名外家而忌梁氏八年迺作飛書以陷竦（飛書若今匿名書也）竦坐誅貴人姊妹以憂卒自是宮房惵息（惵懼也音牒周書曰臨捕以威而氣惵懼也）后愛日隆及帝崩和帝即位尊后爲皇太后皇太后臨朝尊母沘陽公主爲長公主益湯沐邑三千戶兄憲弟

篤景並顯貴擅威權後遂密謀不軌永元四年發覺被誅九年太后崩未及葬而梁貴人姊嫕（音一計反）上書陳貴人枉歿之狀太尉張酺司徒劉方司空張奮上奏依光武黜呂太后故事（中元元年黜呂后不宜配食高廟）貶太后尊號不宜合葬先帝百官亦多上言者帝手詔曰竇氏雖不遵法度而太后常自減損朕奉事十年深惟大義禮臣子無貶尊上之文恩不忍離義不忍虧案前世上官太后亦無降黜（上官太后昭帝后也父安與燕王謀反誅太后以年少又霍光外孫故不廢也）其勿復議於是合葬敬陵在位十八年帝以貴人酷歿斂葬禮闕迺改殯於承光宮上尊謚曰恭懷皇后（謚法曰敬事尊上曰恭慈仁哲行曰懷）追服喪制百官縞素與姊大貴人俱葬西陵儀比敬園（敬園安帝祖母宋貴人之園也）

和帝陰皇后諱某光烈皇后兄執金吾識之曾孫也后少聰慧善書藝永元四年選入掖庭以先后近屬故得爲貴人有殊寵八年

遂立爲皇后自和熹鄧后入宮（熹音許其反）愛寵稍衰數有恚恨后外祖母鄧朱出入宮掖十四年夏有言后與朱共挾巫蠱道（巫師爲蠱故曰巫蠱左傳注曰蠱惑也）事發覺帝遂使中常侍張慎與尚書陳褒於掖庭獄雜考案之朱及二子奉毅與后弟軼輔敞辭語相連及以爲祠祭祝詛大逆無道奉毅輔考死獄中帝使司徒魯恭持節賜后策上璽綬遷于桐宮以憂死立七年葬臨平亭部（葬于亭部內之地也）父特進綱自殺軼敞及朱家屬徙日南比景縣宗親內外昆弟皆免官還田里永初四年鄧太后詔赦陰氏徙者歸故郡還其資財五百餘萬

和熹鄧皇后諱綏（蔡邕曰謚法有功安人曰熹）太傅禹之孫也父訓護羌校尉母陰氏光烈皇后從弟女也后年五歲太傅夫人愛之自爲翦髮夫人年高目冥誤傷后額忍痛不言左右見者怪而問之后曰非不痛也太夫人哀憐爲斷髮難傷老人意故忍之耳六歲能史書（史書周宣王太

史籀所作大篆十五篇也前書曰敎學童之書也
十二通詩論語諸兄每讀經傳輒下意難問下意猶出氣也
志在典籍不問居家之事母常非之曰汝不習女工以供衣服
乃更務學寧當舉博士邪后重違母言晝修婦業暮誦經典家人
號曰諸生父訓異之事無大小輒與詳議永元四年當以選入會
訓卒后晝夜號泣終三年不食鹽菜憔悴毀容親人不識之后嘗
夢捫天捫摸也蕩蕩正靑若有鍾乳狀迺仰嗽飲之以訊諸占夢言堯
夢攀天而上湯夢及天而咶之咶音是斯皆聖王之前占吉不可言又
相者見后驚曰此成湯之法也續漢書曰相者待詔相工蘇文曰此成湯之骨法家人竊喜而不
敢宣后叔父陔言常聞活千人者子孫有封兄訓爲謁者使修石
臼河歲活數千人天道可信家必蒙福初太傅禹歎曰吾將百萬
之衆未嘗妄殺一人其後世必有興者七年后復與諸家子俱選
入宮后長七尺二寸姿顏姝麗姝美色也詩曰彼姝者子絶異於衆左右皆驚

年冬入掖庭爲貴人時年十六恭肅小心動有法度承事陰后夙夜戰兢接撫同列常克己以下之雖宮人隸役皆加恩借帝深嘉焉及后有疾特令后母兄弟入親醫藥不限以日數后言於帝曰宮禁至重而使外舍久在內省（外舍外家）上令陛下有幸私之譏下使賤妾獲不知足之謗上下交損誠不願也帝曰人皆以數入爲榮貴人反以爲憂深自抑損誠難及也每有讌會諸姬貴人競自修整簪珥光采袿裳鮮明（說文簪笄也珥瑱也以玉充耳釋名曰婦人上服曰袿）而后獨著素裝服無飾其衣有與陰后同色者卽時解易若並時進見則不敢正坐離立行則僂身自卑（離並也禮記曰離坐離立無往參也）帝每有所問常逡巡後對不敢先陰后言帝知后勞心曲體歎曰修德之勞迺如是乎後陰后漸疏每當御見輒辭以疾時帝數失皇子后憂繼嗣不廣數選進才人以博帝意陰后見后德稱日盛不知所爲遂造祝詛欲以爲害帝嘗

寢病危甚陰后密言我得意不令鄧氏復有遺類后聞迺對左右流涕言曰我竭誠盡心㠯事皇后竟不爲所祐而當獲罪於天婦人雖無從死之義然周公身請武王之命武王有疾周公爲之請命於太王王季文王曰若爾三王有丕子之責于天以旦代某之身也越姬心誓必死之分越姬楚昭王之姬越王句踐女也昭王讌遊越姬從謂姬曰樂乎對曰樂則樂矣而不可久也王曰願與子生死若此姬曰君王樂遊要妾以死不敢聞命後王病有赤雲夾日如飛鳥王問周太史史曰是害王身請移於將相王曰將相於孤猶股肱也不聽姬曰大哉君王之德妾請從王死矣昔日遊樂是以不敢聽命今君王復禮國人爲君王死何況妾乎妾願先驅狐狸於地下昔日口雖不言心許之矣妾聞信者不負其心遂自殺故曰心誓事見列女傳也上㠯報帝之恩中㠯解宗族之禍下不令陰氏有人彘之譏高帝愛幸戚夫人帝崩呂太后斷夫人手足去眼薰耳使居鞠室中名曰人彘也卽欲飲藥宮人趙玉者固禁之因詐言屬有使來上疾已愈后信㠯爲然迺止明日帝果瘳十四年夏陰后㠯巫蠱事廢后請救不能得帝便屬意焉后愈稱篤疾深自閉絕會有司奏建長秋宮帝曰皇后之尊與朕同體承宗廟母天下豈易哉唯鄧貴人德冠後庭迺可當之至冬立爲皇后辭讓者三然後卽位

手書表謝，深陳德薄，不足以充小君之選。是時，方國貢獻，競求珍麗之物，自后即位，悉令禁絶，歲時但供紙墨而已。帝每欲官爵鄧氏，后輒哀請謙讓，故兄騭終帝世不過虎賁中郎。元興元年，帝崩，長子平原王有疾，而諸皇子夭歿，前後十數，後生者輒隱祕養於人閒。殤帝生始百日，后迺迎立之。尊后爲皇太后，太后臨朝。和帝葬，後宮人並歸園，太后賜周、馮貴人策曰：「朕與貴人託配後庭，共歡等列，十有餘年。不獲福祐，先帝早弃天下，孤心煢煢，（煢煢，孤特之貌也。詩曰：「煢煢在疚。」）靡所瞻仰，夙夜永懷，感愴發中。今當以舊典分歸外園，慘結增歎，燕燕之詩，曷能喻焉？（詩邶鄘序曰：「衛莊姜送歸妾也。」其詩曰：「燕燕于飛，差池其羽。之子于歸，遠送于野。瞻望不及，泣涕如雨。」）其賜貴人王青蓋車，采飾輅，驂馬各一駟，黃金三十斤，雜帛三千匹，白越四千端。」又賜馮貴人王赤綬，以未有頭上步搖、環珮，加賜各一具。（周禮王后首服爲副，所以副首爲飾，若今步搖也。釋名曰：「皇后首副，其上有垂珠，步則搖也。」）是時新遭大憂，法禁未設，宮

後漢十七　十三

亡大珠一篋太后念欲考問必有不辜乃親閱宮人觀察顏色卽時首服又和帝幸人吉成御者共枉吉成以巫蠱事遂下掖庭考訊辭證明白太后以先帝左右待之有恩平日尚無惡言今反若此不合人情更自呼見實覈果御者所爲莫不歎服以爲聖明常以鬼神難徵淫祀無福乃詔有司罷諸祠官不合典禮者又詔赦除建武以來諸犯妖惡及馬竇家屬所被禁錮者皆復之爲平人減大官導官尚方內者服御珍膳靡麗難成之物漢官儀曰大官主膳羞也前書音義曰導官主導擇米以供祭祀尚方掌工作刀劍諸物及刻玉爲器漢官儀曰內者主帷帳並署名也自非供陵廟稻粱米不得導擇朝夕一肉飯而已舊大官湯官經用歲且二萬萬經常也太后勑止日殺省珍費自是裁數千萬及郡國所貢皆減其過半悉斥賣上林鷹犬其蜀漢釦器九帶佩刀並不復調蜀蜀郡也漢廣漢郡也二郡主作供進之器元帝時貢禹上書蜀廣漢主金銀器各用五百萬是也釦音口以金銀緣器也止畫工三十九種又御府尚方織室錦繡冰紈綺

穀金銀珠玉犀象瑇瑁彫鏤翫弄之物皆絕不作離宮別館儲峙米糒薪炭悉令省之（儲峙猶蓄積也糒乾飯）又詔諸園貴人其宮人有宗室同族若羸老不任使者令園監實覈上名自御北宮增喜觀閱問之恣其去留卽日免遣者五六百人及殤帝崩太后定策立安帝猶臨朝政以連遭大憂百姓苦役（大憂謂和帝殤帝崩）殤帝康陵方中祕藏（方中陵中也冢藏之中故言祕也）及諸工作事減約十分居一詔告司隸校尉河南尹南陽太守曰每覽前代外戚賓客假借威權輕薄謥詷（言悤遽也謥音七洞反詷音洞）至有濁亂奉公爲人患苦咎在執法怠懈不輒行其罰故也今車騎將軍騭等雖懷敬順之志而宗門廣大姻戚不少賓客姦猾多干禁憲（干犯也）其明加檢勑勿相容護自是親屬犯罪無所假貸太后愍陰氏之罪廢赦其徙者歸鄉勑還資財五百餘萬永初元年爵號太夫人爲新野君萬戶供湯沐邑（湯沐者取其賦稅以供湯沐之具也）二年夏京師旱親

幸洛陽寺錄冤獄有囚實不殺人而被考自誣羸困輿見畏吏不敢言將去舉頭若欲自訴太后察視覺之即呼還問狀具得枉實即時收洛陽令下獄抵罪行未還宮澍雨大降三年秋太后體不安左右憂惶禱請祝辭願得代命太后聞之即譴怒竊勑掖庭令已下但使謝過祈福不得妄生不祥之言舊事歲終當饗遣衞士舊事衞士得代歸者上親饗焉前書蓋寬饒傳曰歲盡當代上臨饗罷衞卒是也大儺逐疫禮記月令有大儺旁磔土牛以送寒氣鄭玄注云儺陰氣也此月之中日歷虛危有墳墓四星之氣爲厲鬼隨彊陰出以害人故儺却之也太后曰陰陽不和軍旅數興詔饗會勿設戲作樂減逐疫侲子之半侲子逐疫之人也音振薛綜注西京賦云侲之言善也善童幼子也續漢書曰大儺選中黃門子弟年十歲以上十二以下百二十人爲侲子皆赤幘皁製執大鞉悉罷象橐駞之屬豐年復故太后自入宮掖從曹大家受經書兼天文算數晝省王政夜則誦讀而患其謬誤懼乖典章迺博選諸儒劉珍等及博士議郎四府掾史五十餘人詣東觀讎校傳記讎對也事畢奏御賜葛布各有差又詔中官近臣於東觀

受讀經傳以教授宮人左右習誦朝夕濟濟及新野君薨太后自侍疾病至乎終盡憂哀毀損事加於常贈以長公主赤綬東園祕器玉衣繡衾東園署名屬少府主作凶器故言祕也又賜布三萬匹錢三千萬隲等遂固讓錢布不受使司空持節護喪事儀比東海恭王謚曰敬君太后諒闇既終諒闇居喪之廬也或爲諒陰諒信也陰默也言居憂信默不言七年正月初入太廟齋七日賜公卿百僚各有差庚戌謁宗廟率命婦羣妾相禮儀相助也儀禮曰命夫者男子之爲大夫也命婦者大夫之妻也與皇帝交獻親薦成禮而還周禮宗廟祭之日王服袞冕而入立於阼后服副褘從王而入王以圭瓚酌鬱鬯以獻尸次后以璋瓚酌鬱鬯以獻尸此謂交獻也卒事凡九獻也因下詔曰凡供薦新味多非其節或鬱養強孰或穿掘萌牙味無所至而夭折生長豈所以順時育物乎傳曰非其時不食論語曰不時不食言非其時物則不食之前書邵信臣曰不時之物有傷於人不宜以奉供養自今當奉祠陵廟及給御者皆須時乃上凡所省二十三種自太后臨朝水旱十載四夷外侵盜賊內起每聞人飢或達旦不寐而躬自減徹以救災阸

故天下復平，歲還豐穰。元初五年，平望侯劉毅（平望縣屬北海郡，今青州北海縣西北平望臺是也，一名望海臺也）㠯太后多德政，欲令早有注記，上書安帝曰：「臣聞《易》載羲農而皇德著（《易·繫辭》曰：「古者庖羲氏之王天下，仰觀法於天，俯觀法於地，於是始畫八卦，以通神明之德，以類萬物之情。庖羲氏沒，神農氏作，斲木爲耜，揉木爲耒，耒耜之利，以教天下。」伏羲、神農爲三皇，故言皇德也），《書》述唐虞而帝道崇，故雖聖明，必書功於竹帛，流音於管弦（竹謂簡冊，帛謂縑素。黃帝以下六代樂，皆所以章顯功德，是流音於管弦）。伏惟皇太后膺大聖之姿，體乾坤之德（《易》曰：「聖人與天地合其德。」），齊蹤虞妃，比跡任姒（虞妃卽舜妻娥皇、女英也。任，文王母；姒，武王母也）。孝悌慈仁，允恭節約，杜絶奢盈之源，防抑逸欲之兆。正位內朝，流化四海（《易·家人卦》曰：「女正位乎內，正家而天下定矣。」《禮記》曰：「東夷、西戎、南蠻、北狄，謂之四海。」）。及元興、延平之際，國無儲副，仰觀乾象，參之人譽，援立陛下爲天下主，永安漢室，綏靜四海。又遭水潦，東州飢荒（延平元年，安帝初卽位，六州大水。永初元年，稟司隸、兗、豫、徐、冀、幷六州貧人也）。垂恩元元，冠蓋交路，菲薄衣食，躬率羣下，損膳解驂，㠯贍黎苗（《廣雅》云：「苗，衆也。」）。惻隱之恩，猶視赤子（隱，痛也。《尚書》曰：「若保赤子，惟人其康乂也。」）。克己引愆，顯揚仄陋，崇晏晏之政（《尚書考靈耀》曰：「文塞晏晏。」），敷在寬之教。

敷布也尚書曰五教在寬興滅國繼絶世錄功臣復宗室追還徙人蠲除禁錮政非惠和不圖於心制非舊典不訪於朝弘德洋溢充塞宇宙洋溢言多洪澤豐沛漫衍八方華夏樂化戎狄混并丕功著於大漢碩惠加於生人巍巍之業可聞而不可及蕩蕩之勳可誦而不可名古之帝王左右置史禮記玉藻曰動則左史書之言則右史書之漢之舊典世有注記夫道有夷崇治有進退若善政不述細異輒書是爲堯湯負洪水大旱之責而無咸熙假天之美咸皆也熙廣也尚書曰庶績咸熙言堯之朝政衆功皆廣假音格至也尚書曰祐我烈祖格于皇天言伊尹佐湯功至於天也堯洪水九載湯大旱七年高宗成王有雊雉迅風之變而無中興康寧之功也高宗殷王也小乙之子名武丁嘗祭成湯有飛雉升鼎耳而雊高宗修德殷道中興成王疑周公乃有雷電大風之變成王改過幾刑措也上考詩書有虞二妃周室三母尚書曰釐降二女于嬀汭嬪于虞三母謂后稷母姜嫄文王母太任武王母太姒也詩大雅曰厥初生民時維姜嫄又曰太任有身生此文王又曰太姒嗣徽音則百斯男也修行佐德詩云既有烈考亦有文母是佐德也思不踰閾閾門限也左傳曰婦人送迎不出門見兄弟不踰閾未有內遭家難外遇災害覽總大麓經營天物麓錄也言大錄萬機之政書曰納於大麓又曰暴殄天物也功德巍巍若

茲者也宜令史官著長樂宮注聖德頌曰敷宣景燿勒勳金石縣
之日月易曰縣象著明莫大於日月攄之罔極曰崇陛下烝烝之孝帝從之廣雅曰攄舒也孔安
國注尚書曰烝烝猶進進也六年太后詔徵和帝弟濟北河閒王子男女年五歲曰
上四十餘人又鄧氏近親子孫三十餘人並爲開邸第蒼頡篇曰邸舍也教
學經書躬自監試尚幼者使置師保朝夕入宮撫循詔導恩愛甚
渥詔告也迺詔從兄河南尹豹越騎校尉康等曰吾所曰引納羣子置
之學官者實曰方今承百王之敝時俗淺薄巧僞滋生五經衰缺
不有化導將遂陵遲故欲褒崇聖道曰匡失俗傳不云乎飽食終
日無所用心難矣哉論語孔子言也言人終日飽食不措心於道義難矣哉言終無遠大也今末世貴戚食祿
之家溫衣美飯乘堅驅良堅謂好車良謂善馬也墨子曰聖王爲衣服之法堅車良馬不知貴也而面牆術學
不識臧否尚書曰弗學牆面也斯故禍敗所從來也永平中四姓小侯皆令入
學小侯解見明紀所曰矯俗厲薄反之忠孝先公既曰武功書之竹帛兼曰

文德教化子孫先公謂鄧禹禹有子十三人各使守一埶故曰文德也故能束修不觸羅網言能自約束修整也誠令兒曹上述祖考休烈下念詔書本意則足矣其勉之哉康以太后久臨朝政心懷畏懼託病不朝太后使內人問之時宮婢出入多能有所毀譽其耆宿者皆稱中大人所使者乃康家先婢亦自通中大人康聞詬之曰汝我家出爾敢爾邪婢怒還說康詐疾而言不遜太后遂免康官遣歸國絕屬籍永寧二年二月寢病漸篤乃乘輦於前殿見侍中尚書因北至太子新所繕宮還大赦天下賜諸園貴人王主羣僚錢布各有差詔曰朕以無德託母天下而薄祐不天早離大憂延平之際海內無主元元戹運危於累卵說苑曰晉靈公驕奢造九層之臺國困人貧恥功不成令曰左右諫者斬也荀息乃求見公曰諫邪息曰不敢臣能累十二博棊加九雞子其上公曰危哉息曰復有危於此者公爲九層之臺男女不得耕織社稷一滅君何所望君曰寡人之過乃壞臺焉勤勤苦心不敢以萬乘爲樂上欲不欺天愧先帝下不違人負宿心誠在濟度百姓以安劉氏自謂感徹天地

當蒙福祚而喪禍內外傷痛不絕（內外謂新野君薨及和殤二帝崩也）頃以廢病沈滯久不侍祠自力上原陵加欬逆唾血遂至不解存亡大分無可奈何公卿百官其勉盡忠恪以輔朝廷三月崩在位二十年年四十一合葬順陵

論曰鄧后稱制終身號令自出術謝前政之良身闕明辟之義（前政謂周公也辟君也尚書曰朕復子明辟言周公攝位復還成王今太后不還故曰闕也）至使嗣主側目斂袵於虛器（器謂神器俞帝位也）直生懷懣懸書於象魏（象魏闕也直生杜根等上書請太后還政）借之儀者殆其慝哉（借猶假也殆近也言太后不還政於安帝近可慝也）然而建光之後王柄有歸（太后建光之中崩歸政安帝）遂乃名賢戮辱便孽黨進（帝寵用乳母王聖及其女伯榮出入宮掖通傳姦賂太尉楊震及鄧騭等皆被中官譖誅也）衰斁之來茲焉有徵（斁敗也安帝臨政衰敗逾甚故曰有徵也）故知持權引謗所幸者非己焦心卹患自強者唯國（言執持朝權以招衆謗者所幸不爲己身唯憂國也）是以班母一說闔門辭事（太后兄大將軍騭以母憂上書乞身太后不許以問班昭乃許之語見昭傳也）愛姪微愆髡剔謝罪（太后兄騭子鳳受遺事洩騭遂髡妻及鳳以謝天下語見騭傳）將杜根逢誅未

值其誠乎誠信也言未爲太后所信但蹊田之牛奪之已甚左傳申叔時曰牽牛以蹊人之田而奪之牛牽牛以蹊者信有罪矣而奪之牛罰已重矣此喻杜根上書雖曰有罪太后殺之爲過甚也

皇后紀第十上

金陵書局仿汲古閣本刊

皇后紀第十下　　後漢書十下

唐章懷太子賢注

安思閻皇后諱姬 諡法曰謀慮不愆曰思 河南滎陽人也祖父章永平中爲尚書以二妹爲貴人章精力曉舊典久次當遷以重職顯宗爲後宮親屬竟不用出爲步兵校尉 漢官儀曰比二千石掌宿衛兵屬北軍中候也 章生暢暢生后后有才色元初元年以選入掖庭甚見寵愛爲貴人二年立爲皇后后專房妬忌帝幸宮人李氏生皇子保遂鴆殺李氏 鴆毒鳥也食蝮以其羽畫酒中飲之立死 三年以后父侍中暢爲長水校尉封北宜春侯 北宜春縣屬汝南郡以豫章有宜春故此加北故城在今豫州汝陽縣西南也 食邑五千戶四年暢卒諡曰文侯子顯嗣建光元年鄧太后崩帝始親政事顯及弟景耀晏並爲卿校典禁兵延光元年更封顯長社縣侯 長社縣屬潁川郡前書音義曰其社中樹暴長故名長社今許州縣 食邑萬三千五百戶追尊后母宗爲滎陽君 續漢志曰婦人封君儀比公主油軿車帶綬以采組爲緄帶各如其綬色黃金辟邪加其首爲帶 顯景諸子年皆

童齔大戴禮曰男八歲而齔女七歲而齔齔毀齒也音初刃反並爲黃門侍郎后寵既盛而兄弟頗與朝權后遂與大長秋江京中常侍樊豐等共譖皇太子保廢爲濟陰王四年春后從帝幸章陵帝道疾崩於葉縣后顯兄弟及江京樊豐等謀曰今晏駕道次晏晚也臣下不敢斥言帝崩猶言晚駕而出濟陰王在內邂逅公卿立之還爲大害乃僞云帝疾甚徙御卧車行四日驅馳還宮明日詐遣司徒劉熹詣郊廟社稷告天請命其夕乃發喪尊后曰皇太后皇太后臨朝蔡邕獨斷曰少帝即位太后即代攝政臨前殿朝羣臣太后東面少帝西面羣臣奏事上書皆爲兩通一詣后一詣少帝以顯爲車騎將軍儀同三司太后欲久專國政貪立幼年與顯等定策禁中迎濟北惠王子北鄉侯懿惠王名壽章帝子也立爲皇帝顯忌大將軍耿寶耿弇之弟舒之孫位尊權重威行前朝乃風有司奏寶及其黨與中常侍樊豐虎賁中郎將謝惲惲弟侍中篤篤弟大將軍長史宓善文曰惲字伯周宓字仲周篤字季周侍中周廣阿母野王君王聖聖女永永壻黃門侍郎樊嚴等更

相阿黨互作威福探刺禁省更爲唱和皆大不道豐惲廣皆下獄死家屬徙比景比景縣名屬日南郡前書音義曰日居於頭上日景在巳下故名之宓嚴減死髡鉗貶寶爲則亭侯遣就國自殺王聖母子徙鴈門於是景爲衞尉耀城門校尉晏執金吾兄弟權要威福自由少帝立二百餘日而疾篤顯兄弟及江京等皆在左右京引顯屏語曰北鄉侯病不解國嗣宜時有定前不用濟陰王今若立之後必當怨又何不早徵諸王子簡所置乎顯以爲然及少帝薨京白太后徵濟北河閒王子未至而中黃門孫程合謀殺江京等立濟陰王是爲順帝顯景晏及黨與皆伏誅遷太后於離宮家屬徙比景明年太后崩在位十二年合葬恭陵帝母李氏瘞在洛陽城北帝初不知莫敢以聞及太后崩左右白之帝感悟發哀親到瘞所更以禮殯上尊謚曰恭愍皇后葬恭北陵爲策書金匱藏于世祖廟在恭陵之北因以爲名漢官儀曰置陵園令食監各一人秩皆六百石金匱緘之以金

順烈梁皇后諱妠（諡法曰：執德尊業曰烈。聲類曰：妠，妠娶也，音納。）大將軍商之女，恭懷皇后弟之孫也。后生有光景之祥。少善女工，好史書，九歲能誦論語，治韓詩（韓嬰所傳詩也），大義畧舉。常以列女圖畫置於左右，以自監戒（劉向撰列女傳八篇，圖畫其象）。父商深異之，竊謂諸弟曰：「我先人全濟河西，所活者不可勝數（商曾祖統，更始二年補中郎將、酒泉太守，使安集涼州。時西河擾亂，眾議以統素有威信，乃推統與竇融共完全五郡）。雖大位不究，而積德必報。若慶流子孫者，儻興此女乎？」永建三年，與姑俱選入掖庭，時年十三。相工茅通見后，驚，再拜賀曰：「此所謂日角偃月，相之極貴，臣所未嘗見也。」太史卜兆得壽房，又筮得坤之比（易坤卦六五爻變而之比，九五象曰：顯比之吉，位正中也。九五居得其位，下應於上，故吉），遂以為貴人。常特被引御，從容辭於帝曰：「夫陽以博施為德，陰以不專為義。螽斯則百福之所由興也（詩國風序曰：言后妃若螽斯，不妬忌，則子孫眾多也。詩大雅曰：太姒嗣徽音，則百斯男也）。願陛下思雲雨之均澤，識貫魚之次序（易曰：雲行雨施，品物流形。剝卦曰：貫魚以宮人寵，無不利。剝，坤下艮上，五陰而一陽，眾陰在下，駢頭相次，似貫魚也），使小妾得免罪謗之累。」由是帝加敬焉。陽嘉元年春有司奏立長秋宮以乘氏侯商先帝外戚商祖姑章帝貴人生和帝也春秋之義娶先大國公羊傳曰天子娶於紀紀本子爵也先褒爲侯言王者不娶於小國也梁小貴人宜配天祚正位坤極正其內位居陰德之極也易曰女正位乎內也帝從之乃於壽安殿立貴人爲皇后壽安是德陽宮內殿名后既少聰惠深覽前世得失雖以德進不敢有驕專之心每日月見讁讁責也禮記云陽事不得讁見於天日爲之食陰事不得讁見於天月爲之食輒降服求愆建康元年帝崩后無子美人虞氏子炳立是爲冲帝尊后爲皇太后太后臨朝冲帝尋崩復立質帝猶秉朝政時揚徐劇賊寇擾州郡西羌鮮卑及日南蠻夷攻城暴掠賦斂煩數官民困竭太后夙夜勤勞推心仗賢委任太尉李固等拔用忠良務崇節儉其貪叨罪慝多見誅廢貪財曰叨慝惡也分兵討伐羣寇消夷故海內肅然宗廟以寧而兄大將軍冀鴆殺質帝專權暴濫忌害忠良數以邪說疑誤太后遂立桓帝而誅李固太后又溺於宦官宦官多所封寵以此天下失望和

平元年春歸政於帝太后寢疾遂篤乃御輦幸宣德殿見宮省官屬及諸梁兄弟詔曰朕素有心下結氣從間以來加以浮腫逆害飲食寢以沈困寢漸也比使內外勞心請禱私自忖度日夜虛劣不能復與羣公卿士共相終竟援立聖嗣恨不久育養見其終始今以皇帝將軍兄弟委付股肱其各自勉焉後二日而崩在位十九年年四十五合葬憲陵

虞美人者以良家子年十三選入掖庭續漢志曰美人父詩爲郎中詩父衡屯騎校尉又生女舞陽長公主自漢興母氏莫不尊寵順帝既未加美人爵號而沖帝早夭大將軍梁冀秉政忌惡佗族故虞氏抑而不登但稱大家而已陳夫人者家本魏郡少以聲伎入孝王宮得幸生質帝亦以梁氏故榮寵不及焉熹平四年小黃門趙祐續漢志曰小黃門六百石宦者無員掌侍左右受尚書事上在內宮關通中外及中宮以下衆事諸公主及王大妃等疾苦則使問之議郎卑整上言風俗通曰卑氏鄭大夫卑諶之後漢有卑躬爲北平太守春秋

之義母㠯子貴公羊傳曰桓公幼而貴隱公長而卑桓何以貴母貴也母貴則子何以貴子以母貴母以子貴隆漢盛典尊崇母氏凡在外戚莫不加寵今沖帝母虞大家質帝母陳夫人皆誕生聖皇而未有稱號夫臣子雖賤尚有追贈之典況二母見在不蒙崇顯之次無㠯述遵先世垂示後世也帝感其言乃拜虞大家爲憲陵貴人陳夫人爲勃海孝王妃孝王名鴻章帝子千乘貞王伉之孫鴻生質帝帝立徙勃海焉使中常侍持節授印綬遣太常㠯三牲告憲陵懷陵靜陵焉懷陵沖帝陵靜陵質帝陵

孝崇匽皇后諱明匽音偃爲蠡吾侯翼媵妾蠡吾侯翼河間王開子和帝孫生桓帝桓帝即位明年追尊翼爲孝崇皇陵曰博陵㠯后爲博園貴人和平元年梁太后崩乃就博陵尊后爲孝崇皇后遣司徒持節奉策授璽綬齎乘輿器服備法物宮曰永樂置太僕少府㠯下皆如長樂宮故事漢官儀曰帝祖母稱長信宮帝母稱長樂宮故有長信少府長樂少府及職吏皆宦者爲之又置虎賁羽林衞士起宮室分鉅鹿九縣爲后湯沐邑在位三年元嘉二年崩㠯帝弟平原王

石爲喪主 石蠡吾侯翼子桓帝兄 斂以東園畫梓壽器玉匣飯含之具禮儀制度比恭懷皇后 東園署名屬少府掌爲棺器梓木爲棺以漆畫之稱壽器者欲其久長也猶如壽堂壽宮壽陵之類也漢舊儀曰梓棺長二丈廣四尺玉匣者腰其下爲匣至足亦縫以黃金爲縷飯含者以珠玉實口 使司徒持節大長秋奉弔祠賵錢四千萬 公羊傳曰貨財曰賵 布四萬匹中謁者僕射典護喪事侍御史護大駕鹵簿 漢官儀曰天子車駕次第謂之鹵簿有大駕法駕小駕大駕公卿奉引大將軍參乘太僕御屬車八十一乘備千乘萬騎侍御史在左駕馬詢問不法者今儀比車駕故以侍御史監護焉 詔安平王豹河閒王建勃海王悝 悝音恢 長社益陽二長公主 長社公主桓帝姊耿弇弟爵玄孫援尚焉益陽公主桓帝妹侍中寇榮從兄子尚焉 與諸國侯三百里內者及中二千石二千石令長相皆會葬將作大匠復土繕廟合葬博陵

桓帝懿獻梁皇后諱女瑩 謚法曰溫柔聖善曰懿聰明叡知曰獻 順烈皇后之女弟也帝初爲蠡吾侯梁太后徵欲與后爲婚未及嘉禮 嘉禮婚禮 會質帝崩因已立帝明年有司奏太后曰春秋迎王后于紀在塗則稱后 公羊傳曰祭公來逆王后于紀傳曰祭公者何天子之三公其稱王后何王者無外其辭成矣 今大將軍冀女弟膺紹聖善 膺當也紹嗣也聖善謂母也言

娶妻當嗣親也詩云母氏聖善結婚之際有命既集謂太后先有令許結親也詩云天監下民有命既集也宜備禮章時進徵幣徵成也納幣以成婚請下三公太常案禮儀奏可於是悉依孝惠皇帝納后故事聘黃金二萬斤納采鴈璧乘馬束帛一如舊典漢書舊儀聘皇后黃金萬斤呂后爲惠帝娶魯元公主女故特優其禮也儀禮曰納采用鴈鄭玄注云納其采擇之禮用鴈取順陰陽往來也周禮王者穀圭以聘女鄭玄注云士大夫以上乃以玄纁束帛天子加以穀圭諸侯加以大璋然禮稱以圭此云用璧形制雖異爲玉同也乘馬四匹馬也雜記曰納幣一束束五兩兩五尋然則每端二丈也建和元年六月始入掖庭八月立爲皇后時太后秉政而梁冀專朝故后獨得寵幸自下莫得進見后藉姊兄廕埶恣極奢靡宮幄彫麗服御珍華巧飾制度兼倍前世及皇太后崩恩愛稍衰后既無子潛懷怨忌延宮人孕育鮮得全者帝雖迫畏梁冀不敢譴怒然見御轉稀至延熹二年后以憂恚崩在位十三年葬懿陵其歲誅梁冀廢懿陵爲貴人冢焉

桓帝鄧皇后諱猛女和熹皇后從兄子鄧香之女也母宣初適香

生后改嫁梁紀紀者大將軍梁冀妻孫壽之舅也后少孤隨母爲居因冒姓梁氏冀妻見后貌美永興中進入掖庭爲采女絕幸采擇也以因采擇而立名明年封兄鄧演爲南頓侯位特進演卒子康嗣及懿獻后崩梁冀誅立后爲皇后帝惡梁氏改姓爲薄封后母宣爲長安君四年有司奏后本郎中鄧香之女不宜改易它姓於是復爲鄧氏追封贈香車騎將軍安陽侯印綬更封宣康大縣宣爲昆陽君康爲沘陽侯賞賜巨萬計巨大也大萬謂萬萬也宣卒賵贈葬禮皆依后母舊儀以康弟統襲封昆陽侯位侍中統從兄會襲安陽侯爲虎賁中郎將又封統弟秉爲淯陽侯宗族皆列校郎將帝多內幸博採宮女至五六千人及驅役從使復兼倍於此而后恃尊驕忌與帝所幸郭貴人更相譖訴八年詔廢后送暴室以憂死漢官儀曰暴室在掖庭內丞一人主宮中婦人疾病者其皇后貴人有罪亦就此室也立七年葬於北邙從父河南尹萬世及會皆下獄死

統等亦繫暴室免官爵歸本郡財物沒入縣官

桓思竇皇后諱妙章德皇后從祖弟之孫女也父諱武延熹八年鄧皇后廢后以選入掖庭爲貴人其冬立爲皇后而御見甚稀帝所寵唯采女田聖等永康元年冬帝寢疾遂以聖等九女皆爲貴人及崩無嗣后爲皇太后太后臨朝定策立解犢侯宏是爲靈帝太后素忌忍積怒田聖等桓帝梓宮尚在前殿遂殺田聖又欲盡誅諸貴人中常侍管霸蘇康苦諫乃止時太后父大將軍武謀誅宦官而中常侍曹節等矯詔殺武遷太后於南宮雲臺家屬徙比景竇氏雖誅帝猶以太后有援立之功建寧四年十月朔率羣臣朝于南宮親饋上壽黃門令董萌（漢官儀曰黃門令秩六百石）因此數爲太后訴冤帝深納之供養資奉有加於前中常侍曹節王甫疾萌附助太后誣以謗訕永樂宮（靈帝母所居也訕謗毀也）萌坐下獄死熹平元年太后母卒於比

景后感疾而崩立七年合葬宣陵

孝仁董皇后諱某河間人爲解犢侯萇夫人萇河間孝王開孫淑之子也生靈帝建寧元年帝卽位追尊萇爲孝仁皇陵曰愼陵以后爲愼園貴人及竇氏誅明年帝使中常侍迎貴人幷徵貴人兄寵到京師上尊號曰孝仁皇后居南宮嘉德殿嘉德殿在九龍門內宮稱永樂拜寵執金吾後坐矯稱永樂后屬請下獄死及竇太后崩始與朝政使帝賣官求貨自納金錢盈滿堂室中平五年以后兄子衛尉脩侯重脩今德州縣故城在縣南脩今作蓨音條爲驃騎將軍領兵千餘人初后自養皇子協數勸帝立爲太子而何皇后恨之議未及定而帝崩何太后臨朝重與太后兄大將軍進權埶相害后每欲參干政事太后輒相禁塞后忿恚詈言曰汝今輈張怙汝兄耶輈張猶彊梁也當勑驃騎斷何進頭來何太后聞以告進進與三公及弟車騎將軍苗等奏孝仁皇后使故中常侍夏惲

永樂太僕封諝等交通州郡漢官儀曰永樂太僕用中人爲之辜較在所珍寶貨賂悉入西省辜較解見靈紀西省即謂永樂宮之司蕃后故事不得留京師蕃后謂平帝母衞姬時王莽攝政恐其專權后不得留在京師故云故事也輿服有章膳羞有品請永樂后還宮本國奏可何進遂舉兵圍驃騎府收重重免官自殺后憂怖疾病暴崩在位二十二年民閒歸咎何氏喪還河閒合葬慎陵

靈帝宋皇后諱某扶風平陵人也肅宗宋貴人之從曾孫也建寧三年選入掖庭爲貴人明年立爲皇后父酆執金吾封不其鄉侯不其縣屬琅邪郡故城在今萊州即墨縣西南蓋其縣之鄉也其音基決錄注酆字伯遇后無寵而居正位後宮幸姬衆共譖毀初中常侍王甫枉誅勃海王悝及妃宋氏熹平元年王甫譖悝與中常侍鄭颯交通欲迎立悝悝自殺妃死獄中也妃即后之姑也甫恐后怨之乃與太中大夫程阿共搆言皇后挾左道祝詛禮記曰執左道以亂衆殺無赦鄭玄注云左道若巫蠱也帝信之光和元年遂策收璽綬后自致暴室以憂死在位八年父及兄弟並被誅諸常侍小

黃門在省閣者皆憐宋氏無辜共合錢物收葬廢后及酆父子歸宋氏舊塋皐門亭詩云迺立皐門注云王之郭門曰皐門漢官儀曰十二門皆有亭帝後夢見桓帝怒曰宋皇后有何罪過而聽用邪孽使絕其命勃海王悝既已自貶又受誅斃今宋氏及悝自訴於天上帝震怒上帝天也震動也書曰帝乃震怒也罪在難救夢殊明察帝既覺而恐以事問於羽林左監許永續漢志曰羽林左監一人秩六百石主羽林左騎右亦如之永或作詠曰此何祥其可禳乎禳謂除也永對曰宋皇后親與陛下共承宗廟母臨萬國歷年已久海內蒙化過惡無聞而虛聽讒妬之說以致無辜之罪身嬰極誅禍及家族天下臣妾咸爲寃痛勃海王悝桓帝母弟也處國奉藩未嘗有過陛下曾不證審遂伏其辜昔晉侯失刑亦夢大厲被髮屬地左傳曰晉侯夢大厲被髮及地搏膺而踊曰殺余孫不義余得請于帝矣杜預注曰厲鬼趙氏之先祖也晉侯先殺趙同趙括故怒也天道明察鬼神難誣宜幷改葬以安寃魂反宋后之徙家復勃海之先封以消厥咎帝弗能用尋亦崩焉

靈思何皇后諱某，南陽宛人。家本屠者，以選入掖庭。風俗通曰：漢以八月算人，后家以金帛賂遺主者以求入也。長七尺一寸。生皇子辯，養於史道人家，號曰史侯。道人謂道術之人也。獻帝春秋曰：靈帝數失子，不敢正名，養道人史子助家，號曰史侯。拜后為貴人，甚有寵幸。性彊忌，後宮莫不震懾。光和三年，立為皇后。明年，追號后父真為車騎將軍、舞陽宣德侯，因封后母興為舞陽君。時王美人任娠，左傳曰：邑姜方娠。杜預注曰：懷胎為娠。音之刃反，一音身。畏后，乃服藥欲除之，而胎安不動，又數夢負日而行。四年，生皇子協，后遂鴆殺美人。帝大怒，欲廢后，諸宦官固請得止。董太后自養協，號曰董侯。

王美人，趙國人也。祖父苞，五官中郎將。美人豐姿色，聰敏有才明，能書會計，會計謂總會其數而算。以良家子應法相選入掖庭。帝愍協早失母，又思美人，作追德賦、令儀頌。中平六年，帝崩，皇子辯即位，尊后為皇太后。太后臨朝。后兄大將軍進欲誅宦官，反為所害；舞陽君亦為亂兵所殺幷州牧董卓被徵將兵入洛陽陵虐朝廷遂廢少帝爲弘農王而立協是爲獻帝扶弘農王下殿北面稱臣太后鯁涕羣臣含悲莫敢言董卓又議太后蹙迫永樂宮至令憂死逆婦姑之禮乃遷於永安宮因進酖弒而崩在位十年董卓令帝出奉常亭舉哀華延儁洛陽記曰城內有奉常亭公卿皆白衣會不成喪也有凶事素服而朝謂之白衣會左傳曰不書葬不成喪合葬文昭陵初太后新立當謁二祖廟欲齋輒有變故如此者數竟不克時有識之士心獨怪之後遂因何氏傾沒漢祚焉明年山東義兵大起討董卓之亂卓乃置弘農王於閣上使郎中令李儒進酖曰服此藥可以辟惡王曰我無疾是欲殺我耳不肯飲強飲之不得已乃與妻唐姬及宮人飲讌別酒行王悲歌曰天道易兮我何艱棄萬乘兮退守蕃逆臣見迫兮命不延逝將去汝兮適幽玄因令唐姬起舞姬抗袖而歌抗舉也曰皇天崩兮后土頹史記周烈王崩周人謂齊威王

曰天崩地坼也身爲帝兮命夭摧死生路異兮從此乖奈我煢獨兮心中哀因泣下嗚咽坐者皆歔欷王謂姬曰卿王者妃執不復爲吏民妻自愛從此長辭遂飲藥而死時年十八唐姬潁川人也王薨歸鄉里父會稽太守瑁欲嫁之姬誓不許及李傕破長安遣兵鈔關東畧得姬傕因欲妻之固不聽而終不自名不自名少帝之姬也袁宏紀曰爲傕所畧不敢自言尚書賈詡知之魏志曰詡字文和武威姑臧人少時漢陽閻忠見而異之曰詡有良平之才言狀白獻帝帝聞感愴乃下詔迎姬置園中使侍中持節拜爲弘農王妃初平元年二月葬弘農王於故中常侍趙忠成壙中趙忠元有成壙因而葬焉謚曰懷王帝求母王美人兄斌斌將妻子詣長安賜第宅田業拜奉車都尉興平元年帝加元服有司奏立長秋宮詔曰朕稟受不弘遭値禍亂未能紹先后光故典皇母前薨未卜宅兆禮章有闕中心如結詩云心如結兮三歲之感蓋不言吉且須其後於是有司乃奏追尊王美人爲靈懷皇后改

葬文昭陵儀比敬恭二陵敬章帝陵恭安帝陵使光祿大夫持節行司空事奉璽綬斌與河南尹駱業復土斌還遷執金吾封都亭侯凡言都亭者並城內亭也漢法大縣侯位視三公小縣侯位視上卿鄉亭侯視中二千石也食邑五百戶病卒贈前將軍印綬謁者監護喪事長子端襲爵

獻帝伏皇后諱壽琅邪東武人東武今密州諸城縣大司徒湛之八世孫也父完沈深有大度襲爵不其侯尚桓帝女陽安公主陽安縣屬汝南郡故城在今豫州朗山縣東北爲侍中初平元年從大駕西遷長安后時入掖庭爲貴人興平二年立爲皇后完遷執金吾帝尋而東歸李傕郭汜等追敗乘輿於曹陽帝乃潛夜度河走度所在今陝州陝縣北水經曰銅翁仲所沒處是獻帝東遷潛度所六宮皆步行出營周禮曰王后率六宮之人鄭玄注曰六宮之人夫人已下分居后之六宮者后手持縑數匹董承使符節令孫徽以刃脅奪之殺傍侍者血濺后衣濺音子見反既至安邑御服穿敝唯以棗栗爲糧建安元年拜完輔國將軍儀比三司完以政在曹操自嫌

尊戚乃上印綬拜中散大夫尋遷屯騎校尉十四年卒子與嗣自帝都許守位而已宿衞兵侍莫非曹氏黨舊姻戚議郎趙彥嘗爲帝陳言時策曹操惡而殺之其餘內外多見誅戮操後以事入見殿中帝不任其憤因曰君若能相輔則厚不爾幸垂恩相捨操失色俛仰求出舊儀三公領兵朝見令虎賁執刃挾之操出顧左右汗流浹背浹徹也音子協反自後不敢復朝請董承女爲貴人操誅承而求貴人殺之帝以貴人有娠說文曰娠孕也音仁蔭反累爲請不能得后自是懷懼乃與父完書言曹操殘逼之狀令密圖之完不敢發至十九年事乃露泄操追大怒遂逼帝廢后假爲策曰皇后壽得由卑賤登顯尊極自處椒房漢官儀曰皇后稱椒房取其蕃實之義也詩云椒聊之實蕃衍盈升二紀于茲既無任姒徽音之美太任文王母太姒武王母徽美也詩云太姒嗣徽音又乏謹身養己之福左傳曰人受天地之中以生謂之命能者養之以福不能者敗以取禍而陰懷妒害苞藏禍心弗可以承天命奉祖宗今使御史大夫

郗慮持節策詔其上皇后璽綬蔡邕獨斷曰皇后赤綬玉璽續漢志曰乘輿黃赤綬四綵黃赤縹紺湻黃圭綬長二丈九尺九寸五百首太皇太后皇太后其綬皆與乘輿同退避中宮遷于它館嗚呼傷哉自壽取之未致于理爲幸多焉又以尚書令華歆爲郗慮副魏志曰華歆字子魚平原高唐人代荀彧爲尚書令慮字鴻預山陽高平人勒兵入宮收后閉戶藏壁中歆就牽后出時帝在外殿引慮於坐后被髮徒跣行泣過訣曰不能復相活邪帝曰我亦不知命在何時顧謂慮曰郗公天下寧有是邪遂將后下暴室以幽崩所生二皇子皆酖殺之后在位二十年兄弟及宗族死者百餘人母盈等十九人徙涿郡

獻穆曹皇后諱節謚法曰布德執義曰穆魏公曹操之中女也建安十八年操進三年憲節華爲夫人聘以束帛玄纁五萬匹小者待年於國留任於國以待年長十九年並拜爲貴人及伏皇后被弒明年立節爲皇后魏受禪遣使求璽綬后怒不與如此數輩后乃呼使者入親數讓之以璽

抵軒下抵擲也軒闌校也因涕泣橫流曰天不祚爾左右皆莫能仰視后在位七年魏氏既立以后爲山陽公夫人自後四十一年魏景初元年薨合葬禪陵車服禮儀皆依漢制

論曰漢世皇后無謚皆因帝謚以爲稱雖呂氏專政上官臨制亦無殊號上官昭帝后也中興明帝始建光烈之稱其後並以德爲配至於賢愚優劣混同一貫故馬竇二后俱稱德焉其餘皇帝之庶母及蕃王承統以追尊之重特爲其號恭懷孝崇之比是也初平中蔡邕始追正和熹之謚蔡邕集謚議曰漢世母氏無謚至于明帝始建光烈之稱是後轉因帝號加之以德上下優劣混而爲一違禮大行受大名小行受小名之制謚法有功安人曰同帝后一體禮亦宜同大行皇太后謚宜爲和熹其安思順烈以下皆依而加焉

贊曰坤惟厚載陰正乎內易曰坤厚載物又曰女正位乎內男正位乎外詩美好逑逑匹也詩云窈窕淑女君子好逑言后妃有關雎之德爲君子好匹易稱歸妹兌下震上歸妹卦也婦人謂嫁曰歸妹爲少女之稱兌爲少陰震爲長陽少陰而承長陽悅以動之歸妹之象也以六五與九二相應五爲王侯故易言帝乙歸妹祁祁皇孋言觀貞淑祁祁衆多也孋亦儷也觀示也言諸后皆示其貞淑配皇爲儷案字書無孋字相傳音麗蕭該音離

媚茲良哲承哉天祿班政蘭闈宣禮椒屋班固西都賦曰後宮則掖庭椒房后妃之室蘭林蕙草披香發越蘭林殿名故言蘭闈椒屋卽椒房也旣云德升亦曰幸進德升謂馬鄧等也幸進謂閻何之類也身當隆極族漸河潤公羊傳曰河海潤千里也視景爭暉方山並峻乘剛多阻行地必順易屯卦象曰六二之難乘剛也又坤卦曰牝馬地類行地無疆王弼注云地之所以得無疆者以卑類行之故也咎集驕滿福協貞信慶延自己禍成誰釁

漢制皇女皆封縣公主儀服同列侯漢法大縣侯視三公其尊崇者加號長公主儀服同蕃王蔡邕曰帝女曰公主姊妹曰長公主建武十五年封舞陽公主爲長公主卽是帝女尊崇亦爲長非惟姊妹也輿服志曰長公主赤罽軿車與諸侯同綬也諸王女皆封鄉亭公主儀服同鄉亭侯鄉亭侯視中二千石肅宗唯特封東平憲王蒼琅邪孝王京女爲縣公主東平王傳曰封蒼女五人爲縣公主孝王女傳不見其數其後安帝桓帝妹亦封長公主同之皇女案鄧禹玄孫少府褒尚舞陰長公主耿弇曾孫侍中良尚漢陽長公主岑彭玄孫魏郡守熙尚涅陽長公主來歙玄孫虎賁中郞將定尚平氏長公主並安帝妹也長社益陽公主桓帝妹也解見上其皇女封公主者所生之子襲母封爲列侯馮定獲嘉公主子襲封獲嘉侯馮奮平陽公主子襲封平陽侯此其類也皆傳國於後鄉亭之封則不

傳襲其職僚品秩事在百官志沈約謝儼傳曰范曄所撰十志一皆託儼搜撰垂畢遇曄敗悉蠟以覆車宋文帝令丹陽尹徐湛之就儼尋求已不復得一代以爲恨其志今闕續漢志曰諸公主家令一人六百石丞一人三百石其餘屬吏增減無常漢官儀曰長公主傅一人私府長一人食官一人永巷長一人家令一人秩皆六百石各有員吏而鄉公主傅一人秩六百石僕一人六百石家丞一人三百石也不足別載故附于后紀末

皇女義王建武十五年封舞陽長公主適延陵鄉侯太僕梁松舞陽縣屬潁川郡松梁統之子其傳云尚光武女舞陰公主又鄧訓傳舞陰公主子梁扈有罪訓與交通此云舞陽誤也松坐誹謗誅

皇女中禮十五年封涅陽公主適顯親侯大鴻臚竇固涅陽屬南陽郡顯親縣屬漢陽郡固竇融子肅宗尊爲長公主

皇女紅夫十五年封館陶公主適駙馬都尉韓光光坐與淮陽王延謀反誅

皇女禮劉十七年封淯陽公主適陽安侯長樂少府郭璜璜郭況子也璜坐與竇憲謀反誅

皇女綬綬一作綏二十一年封酈邑公主適新陽侯世子陰豐豐害主誅

死酈縣屬南陽郡音擲亦反新陽縣屬汝南郡豐陰就子

世祖五女

皇女姬永平二年封獲嘉長公主適楊邑侯將作大匠馮柱獲嘉縣屬河內郡楊邑縣屬太原郡柱馮魴子

皇女奴三年封平陽公主平陽縣屬河東郡適大鴻臚馮順順勤子也

皇女迎迎或作延三年封隆慮公主隆慮縣屬河內郡適牟平侯耿襲牟平縣屬東萊郡襲耿弇弟舒之子

皇女次三年封平氏公主平氏縣屬南陽郡既不言所適不顯始終蓋史闕之也它皆倣此

皇女致三年封沁水公主沁水縣屬河內郡適高密侯鄧乾乾鄧震之子禹之孫

皇女小姬十二年封平皐公主平皐縣屬河內郡適昌安侯侍中鄧蕃昌安縣屬高密國蕃鄧襲子禹之孫也

皇女仲十七年封浚儀公主適軮侯軮志作軑音伏師古曰又音徒系反黃門侍郎王度軑縣屬江夏郡度王符子霸之孫

皇女惠十七年封武安公主適征羌侯世子黄門侍郎來稜征羌縣屬汝南郡稜褒之子歙之孫安帝尊爲長公主

皇女臣建初元年封魯陽公主魯陽縣屬南陽郡

皇女小迎元年封樂平公主樂平本清縣屬東郡章帝更名

皇女小民元年封成安公主成安縣屬潁川郡

顯宗十一女

皇女男建初四年封武德長公主

皇女王四年封平邑公主平邑縣屬代郡今魏郡昌樂東北又有平邑城適黄門侍郎馮由

皇女吉永元五年封陰安公主陰安縣屬魏郡

肅宗三女

皇女保延平元年封修武長公主修武縣屬河内郡

皇女成元年封共邑公主共縣屬河内郡

皇女利元年封臨潁公主縣屬潁川郡適卽墨侯侍中賈建卽墨縣屬膠東國建賈參子復之曾孫
皇女興元年封聞喜公主聞喜縣屬河東郡
和帝四女
皇女生永和三年封舞陽長公主
皇女成男三年封冠軍長公主冠軍縣屬南陽郡
皇女廣永和六年封汝陽長公主汝陽縣屬汝南郡
順帝三女
皇女華延熹元年封陽安長公主適不其侯輔國將軍伏完完伏湛五世孫
皇女堅七年封潁陰長公主潁陰縣屬潁川郡
皇女修九年封陽翟長公主
桓帝三女
皇女某光和三年封萬年公主

靈帝一女

皇后紀第十下

後漢書十下

劉玄劉盆子列傳第一　　後漢書十一

唐章懷太子賢注

劉玄字聖公光武族兄也爾雅曰族父之子相謂爲族昆弟帝王紀曰舂陵戴侯熊渠生蒼梧太守利利生子張納平林何氏女生更始弟爲人所殺聖公結客欲報之客犯法續漢書曰時聖公聚客家有酒請游徼飲賓客醉歌言朝亭兩都尉游徼後來用調羹味游徼大怒縛捶數百聖公避吏於平林吏繫聖公父子張聖公詐死使人持喪歸舂陵吏乃出子張聖公因自逃匿王莽末南方飢饉人庶羣入野澤掘鳧茈而食之爾雅曰芍鳧茈郭璞曰生下田中苗似龍鬚而細根如指頭黑色可食芍音胡了反鳧茈續漢書作符訾新市人王匡王鳳爲平理諍訟遂推爲渠帥衆數百人於是諸亡命馬武王常成丹等往從之共攻離鄉聚藏於綠林中離鄉聚謂諸鄉聚離散去城郭遠者大曰鄉小曰聚前書曰收合離鄉置大城中即其義也綠林山在今荊州當陽縣東北也數月閒至七八千人地皇二年王莽年也荊州牧某史闕名也發奔命二萬人攻之匡等相率迎擊於雲杜雲杜縣名屬江夏郡故城在今復州沔陽縣西北大破牧軍殺數千人盡獲輜重續漢書曰牧欲北歸隨武等復遮擊之鉤牧車屏泥剌殺其驂乘然不敢殺牧也遂

攻拔竟陵（縣名屬江夏郡故城在今郢州長壽縣南）轉擊雲杜安陸（安陸郡屬江夏郡今安州縣也）多略婦女還入綠林中至有五萬餘口州郡不能制三年大疾疫死者且半乃各分散引去王常成丹西入南郡號下江兵王匡王鳳馬武及其支黨朱鮪張卬等（續漢書卬作印）北入南陽號新市兵皆自稱將軍七月匡等進攻隨未能下（隨縣屬南陽郡今隨州縣）平林人陳牧廖湛（廖音力弔反）復聚衆千餘人號平林兵以應之聖公因往從牧等爲其軍安集掾（欲其安集軍衆故權以爲官名）是時光武及兄伯升亦起舂陵與諸部合兵而進四年正月破王莽前隊大夫甄阜屬正梁丘賜斬之號聖公爲更始將軍衆雖多而無所統一諸將遂共議立更始爲天子二月辛巳設壇場於淯水上沙中陳兵大會更始卽帝位南面立朝羣臣素懦弱羞愧流汗舉手不能言於是大赦天下建元曰更始元年悉拜置諸將以族父良爲國三老王匡爲定國上公王鳳成國上公朱鮪大司馬伯升

大司徒陳牧大司空餘皆九卿將軍五月伯升拔宛六月更始入都宛城盡封宗室及諸將爲列矦者百餘人更始忌伯升威名遂誅之以光祿勳劉賜爲大司徒前鍾武矦劉望起兵略有汝南時王莽納言將軍嚴尤秩宗將軍陳茂旣敗於昆陽往歸之八月望遂自立爲天子以尤爲大司馬茂爲丞相王莽使太師王匡國將哀章守洛陽（風俗通曰哀姓魯哀公之後因謚以爲姓）更始遣定國上公王匡攻洛陽西屏大將軍申屠建丞相司直李松攻武關三輔震動是時海內豪傑翕然響應皆殺其牧守自稱將軍用漢年號以待詔命旬月之閒徧於天下長安中起兵攻未央宮九月東海人公賓就斬王莽於漸臺（風俗通曰公賓姓也魯大夫公賓庚之後漸臺太液池中臺也爲水所漸潤故以爲名）收璽綬傳首詣宛更始時在便坐黃堂取視之喜曰莽不如是當與霍光等寵姬韓夫人笑曰若不如是帝焉得之乎更始悅乃懸莽首於宛城市是月拔洛陽生縛

王匡哀章至皆斬之十月使奮威大將軍劉信擊殺劉望於汝南并誅嚴尤陳茂更始遂北都洛陽以劉賜爲丞相申屠建李松自長安傳送乘輿服御又遣中黃門從官奉迎遷都二年二月更始自洛陽而西初發李松奉引馬驚奔觸北宮鐵柱門三馬皆死續漢書曰馬禍也時更始失道將亡之徵初王莽敗唯未央宮被焚而已其餘宮館一無所毀宮女數千備列後庭自鍾鼓帷帳輿輦器服太倉武庫官府市里不改於舊更始既至居長樂宮升前殿郎吏以次列庭中更始羞怍俛首刮席不敢視怍顏色變也俛俯也諸將後至者更始問虜掠得幾何左右侍官皆宮省久吏各驚相視李松與棘陽人趙萌說更始宜悉王諸功臣朱鮪爭之以爲高祖約非劉氏不王更始乃先封宗室太常將軍劉祉爲定陶王劉賜爲宛王劉慶爲燕王劉歙爲元氏王大將軍劉嘉爲漢中王劉信爲汝陰王後遂立王匡爲比陽王

王鳳爲宜城王朱鮪爲膠東王衞尉大將軍張卬爲淮陽王廷尉大將軍王常爲鄧王執金吾大將軍廖湛爲穰王申屠建爲平氏王尚書胡殷爲隨王柱天大將軍李通爲西平王（西平縣屬汝南郡故城在今豫州郾城縣南也）五威中郎將李軼爲舞陰王水衡大將軍成丹爲襄邑王大司空陳牧爲陰平王（陰平縣屬廣漢國）驃騎大將軍宋佻爲潁陰王尹尊爲郾王唯朱鮪辭曰臣非劉宗不敢干典遂讓不受乃徙鮪爲左大司馬劉賜爲前大司馬使與李軼李通王常等鎭撫關東以李松爲丞相趙萌爲右大司馬共秉內任更始納趙萌女爲夫人有寵遂委政於萌日夜與婦人飲讌後庭羣臣欲言事輒醉不能見時不得已乃令侍中坐帷內與語諸將識非更始聲出皆怨曰成敗未可知遽自縱放若此韓夫人尤嗜酒每侍宴見常侍奏事輒怒曰帝方對我飲正用此時持事來乎起抵破書案（抵擊也）趙萌專權威福自

己郎吏有說萌放縱者更始怒拔劍擊之自是無復敢言萌私忿侍中引下斬之更始救請不從時李軼朱鮪擅命山東王匡張卬橫暴三輔其所授官爵者皆羣小賈豎或有膳夫庖人多著繡面衣錦袴襜褕諸于罵詈道中襜褕諸于見光武紀續漢志曰時智者見之以爲服之不中身之災也乃奔入邊郡避之是服妖也其後爲赤眉所殺也長安爲之語曰竈下養中郎將爛羊胃騎都尉爛羊頭關內侯公羊傳曰炊亨爲養軍帥將軍豫章李淑上書諫曰方今賊寇始誅王化未行百官有司宜慎其任夫三公上應台宿九卿下括河海春秋漢含孳曰三公在天爲三台九卿爲北斗故三公象五嶽九卿法河海二十七大夫法山陵八十一元士法谷阜合爲帝佐以匡綱紀故天工人其代之陛下定業雖因下江平林之埶斯蓋臨時濟用不可施之旣安宜釐改制度更延英俊因才授爵以匡王國今公卿大位莫非戎陳尚書顯官皆出庸伍資亭長賊捕之用漢法十里一亭亭置一長捕賊掾專捕盜賊也而當輔佐綱維之任唯名與器聖人所重今以所重加非其人望其毗益萬分興化

致理譬猶緣木求魚升山採珠求之非所不可得也孟子對梁惠王曰以若所爲求若所欲猶緣木求魚也海內望
此有日闚度漢祚臣非有憎疾以求進也但爲陛下惜此舉厝敗
材傷錦所宜至慮孟子謂齊宣王曰爲巨室則必使工師求大木工師得大木則王喜以爲能勝其任也匠人斲而小之則王怒以爲不勝其任矣左傳子產謂子皮曰子有美錦不使人學製焉大官大邑身之所庇而使學者製焉其爲美錦不亦重乎未嘗操刀而使之割其傷實多也惟割既往謬妄之失
思隆周文濟濟之美割絕也詩大雅曰濟濟多士文王以寧更始怒繫淑詔獄自是關中
離心四方怨叛諸將出征各自專置牧守州郡交錯不知所從十
二月赤眉西入關三年正月平陵人方望立前孺子劉嬰爲天子
初望見更始政亂度其必敗謂安陵人弓林等曰前定安公嬰平
帝之嗣雖王莽篡奪而嘗爲漢主今皆云劉氏真人當更受命欲
共定大功何如林等然之乃於長安求得嬰將至臨涇立之今涇州縣也
聚黨數千人望爲丞相林爲大司馬更始遣李松與討難將軍蘇
茂等擊破皆斬之又使蘇茂拒赤眉於弘農茂軍敗死者千餘人

三月遣李松會朱鮪與赤眉戰於蓩鄉蓩音莫老反字林云毒草也因以爲地名續漢志弘農有蓩鄉東觀記曰徐宣樊崇等入至弘農枯樅山下與更始將軍蘇茂戰崇北至蓩鄉轉至湖湖卽湖城縣也以此而言其蓩蓋在今虢州湖城縣之閒松等大敗棄軍走死者三萬餘人時王匡張卬守河東爲鄧禹所破還奔長安卬與諸將議曰赤眉近在鄭華陰閒旦暮且至今獨有長安見滅不久不如勒兵掠城中以自富轉攻所在東歸南陽收宛王等兵事若不集復入湖池中爲盜耳申屠建廖湛等皆以爲然共入說更始更始怒不應莫敢復言及赤眉立劉盆子更始使王匡陳牧成丹趙萌屯新豐李松軍掫以拒之掫音子侯反續漢志曰新豐有鴻門亭掫城卽此也張卬廖湛胡殷申屠建等與御史大夫隗囂合謀欲以立秋日貙膢時共劫更始前書音義曰貙獸以立秋日祭獸王者亦此日出獵用祭宗廟冀州北郡以八月朝作飲食爲膢其俗語曰膢臘社伏貙音丑于反膢音婁俱成前計侍中劉能卿知其謀以告之更始託病不出召張卬等卬等皆入將悉誅之唯隗囂不至更始狐疑使卬等四人且待於外廬卬與湛殷疑有

變遂突出獨申屠建在更始斬之卬與湛殷遂勒兵掠東西市昏時燒門入戰於宮中更始大敗明旦將妻子車騎百餘東奔趙萌於新豐更始復疑王匡陳牧成丹與張卬等同謀乃並召入牧丹先至即斬之王匡懼將兵入長安與張卬等合李松還從更始與趙萌共攻匡卬於城內連戰月餘匡等敗走更始徙居長信宮三輔黃圖曰從洛門至周廟門有長信宮在其中赤眉至高陵匡等迎降之遂共連兵而進更始城守使李松出戰敗死者二千餘人赤眉生得松時松弟汎為城門校尉赤眉使使謂之曰開城門活汝兄汎即開門九月赤眉入城更始單騎走從廚城門出三輔黃圖曰洛城門王莽改曰建子門其內有長安廚官俗名之為廚城門今長安故城北面之中門是也諸婦女從後連呼曰陛下當下謝城更始即下拜復上馬去初侍中劉恭以赤眉立其弟盆子自繫詔獄聞更始敗乃出步從至高陵止傳舍右輔都尉嚴本本或作平或作丕恐失更始為赤眉所誅將兵在外

號爲屯衞而實囚之赤眉下書曰聖公降者封長沙王過二十日勿受更始遣劉恭請降赤眉使其將謝祿往受之十月更始遂隨祿肉袒詣長樂宮上璽綬於盆子赤眉坐更始置庭中將殺之劉恭謝祿爲請不能得遂引更始出劉恭追呼曰臣誠力極請得先死拔劒欲自刎赤眉帥樊崇等遽共救止之乃赦更始封爲畏威矦劉恭復爲固請竟得封長沙王更始常依謝祿居劉恭亦擁護之三輔苦赤眉暴虐皆憐更始而張卬等㠯爲慮謂祿曰今諸營長多欲篡聖公者一旦失之合兵攻公自滅之道也於是祿使從兵與更始共牧馬於郊下因令縊殺之劉恭夜往收藏其屍光武聞而傷焉詔大司徒鄧禹葬之於霸陵有三子求歆鯉明年夏求兄弟與母東詣洛陽帝封求爲襄邑矦奉更始祀歆爲穀孰矦鯉爲壽光矦求後徙封成陽矦求卒子巡嗣復徙封灌澤矦襄邑即春秋襄牛地

也今為縣在宋州西穀孰縣屬梁國在宋州東南壽光縣屬北海郡今青州縣也灌澤縣今澤州縣故曰徙封巡卒子姚嗣

論曰周武王觀兵孟津退而還師以為紂未可伐斯時有未至者也史記曰武王卽位太公望為師周公旦為輔召公畢公之徒左右王師東觀兵孟津時諸侯不期而會者八百皆曰紂可伐矣武王曰未可乃還師漢起驅輕黠烏合之眾輕黠謂輕銳桀黠也烏合如烏鳥之羣合也不當天下萬分之一而旌旃之所擒及擒與麾同書文之所通被莫不折戈頓顙爭受職命非唯漢人餘思固亦幾運之會也夫為權首鮮或不及左傳曰無始禍前書曰無為權首將受其咎陳項且猶未與況庸庸者乎

劉盆子者太山式人式縣名中興縣廢城陽景王章之後也章高帝孫朱虛侯也祖父憲元帝時封為式侯父萌嗣王莽篡位國除因為式人焉天鳳元年琅邪海曲有呂母者子為縣吏犯小罪宰論殺之海曲縣名故城在密州莒縣東續漢書曰呂母子名育為游徼犯罪也呂母怨宰密聚客規以報仇母家素豐貲產數百萬乃益釀醇酒買刀劍衣服少年來酤者皆賒與之視其乏者輒假衣裳

不問多少數年財用稍盡少年欲相與償之呂母垂泣曰所以厚諸君者非欲求利徒以縣宰不道枉殺吾子欲爲報怨耳諸君寧肯哀之乎少年壯其意又素受恩皆許諾其中勇士自號猛虎遂相聚得數十百人東觀記曰賓客徐次子等自號搤虎搤音於責反力可搤虎言其勇也今爲猛字搤與猛相類也因與呂母入海中招合亡命衆至數千呂母自稱將軍引兵還攻破海曲執縣宰諸吏叩頭爲宰請母曰吾子犯小辠不當死而爲宰所殺殺人當死又何請乎遂斬之以其首祭子冢復還海中後數歲琅邪人樊崇起兵於莒東觀記曰樊崇字細君衆百餘人轉入太山自號三老時青徐大饑寇賊蜂起羣盜以崇勇猛皆附之一歲間至萬餘人崇同郡人逄安東海人徐宣謝祿楊音東觀記曰逄音龐安字少子東莞人也徐宣字驕穉謝祿字子奇皆東海臨沂人也各起兵合數萬人復引從崇共還攻莒不能下轉掠至姑幕姑幕縣名故城在今密州莒縣東北古薄姑氏之國因擊王莽探湯侯田況大破之王莽改北海益縣曰探湯殺萬餘人遂北入青

州所過虜掠還至太山留屯南城（南城縣屬東海郡有南城山因以爲名也）初崇等以困窮爲寇無攻城徇地之計衆既寖盛乃相與爲約殺人者死傷人者償創以言辭爲約束無文書旌旗部曲號令其中最尊者號三老次從事次卒吏汎相稱曰臣人王莽遣平均公廉丹太師王匡擊之崇等欲戰恐其衆與莽兵亂乃皆朱其眉以相識別由是號曰赤眉赤眉遂大破丹匡軍殺萬餘人追至無鹽（無鹽縣名故城在今鄆州須昌縣東）廉丹戰死王匡走崇又引其兵十餘萬復還圍莒數月或說崇曰莒父母之國奈何攻之乃解去時呂母病死其衆分入赤眉青犢銅馬中赤眉遂寇東海與王莽沂平大尹（王莽改東海郡曰沂平以郡守爲大尹）戰敗死者數千人乃引去掠楚沛汝南潁川還入陳留攻拔魯城轉至濮陽會更始都洛陽遣使降崇崇等聞漢室復興即留其兵自將渠帥二十餘人隨使者至洛陽降更始皆封爲列侯崇等既未有國邑而留

衆稍有離叛乃遂亡歸其營將兵入潁川分其衆爲二部崇與逄安爲一部徐宣謝祿楊音爲一部崇安攻拔長社南擊宛斬縣令而宣祿等亦拔陽翟引之梁（今汝州梁縣也）擊殺河南太守赤眉衆雖數戰勝而疲敝厭兵（厭倦）皆日夜愁泣思欲東歸崇等計議慮衆東向必散不如西攻長安更始二年冬崇安自武關宣等從陸渾關（武關在今商州上洛縣東河圖括地象曰武關山爲地門上爲天齊星前書曰陸渾縣有關在今洛州伊闕縣西南）兩道俱入三年正月俱至弘農與更始諸將連戰剋勝衆遂大集乃分萬人爲一營凡三十營營置三老從事各一人進至華陰軍中常有齊巫鼓舞祠城陽景王以求福助（以其定諸呂安社稷故郡國多爲立祠焉盆子承其後故軍中祠之）巫狂言景王大怒曰當爲縣官何故爲賊（縣官謂天子也）有笑巫者輒病軍中驚動時方望弟陽怨更始殺其兄乃逆說崇等曰更始荒亂政令不行故使將軍得至於此今將軍擁百萬之衆西向帝城而無稱號名爲羣賊不可以久不如

立宗室挾義誅伐㠯此號令誰敢不服崇等㠯爲然而巫言益甚前及鄭（今華州縣）乃相與議曰今迫近長安而鬼神如此當求劉氏共尊立之六月遂立盆子爲帝自號建世元年初赤眉過式掠盆子及二兄恭茂皆在軍中恭少習尚書略通大義及隨崇等降更始卽封爲式侯㠯明經數言事拜侍中從更始在長安盆子與茂留軍中屬右校卒吏劉俠卿主芻牧牛號曰牛吏及崇等欲立帝求軍中景王後者得七十餘人唯盆子與茂及前西安侯劉孝最爲近屬崇等議曰聞古天子將兵稱上將軍乃書札爲符曰上將軍又㠯兩空札置笥中（札簡也笥篋也）遂於鄭北設壇場祠城陽景王諸三老從事皆大會陛下列盆子等三人居中立以年次探札盆子最幼後探得符諸將乃皆稱臣拜盆子時年十五被髮徒跣敝衣赭汗見衆拜恐畏欲啼茂謂曰善藏符盆子卽齧折弃之復還依俠卿俠

卿爲制絳單衣半頭赤幘幘巾所以覆髻也續漢書曰童子幘無屋示未成人也半頭幘卽空頂幘也其上無屋故以爲名董仲舒繁露曰以赤統者幘尚赤盆子承漢統故用赤也東宮故事曰太子有空頂幘一枚卽半頭幘之製也直綦履綦履文也蓋直刺其文以爲飾也乘軒車大馬赤屏泥赤屏泥謂以緹油屏泥於軾前絳襜絡襜帷也車上施帷以屏蔽者交絡之以爲飾續漢志曰王公列侯安車加交絡帷裳也而猶從牧兒遨崇雖起勇力而爲衆所宗然不知書數徐宣故縣獄吏能通易經遂共推宣爲丞相崇御史大夫逢安左大司馬謝祿右大司馬自楊音以下皆爲列卿軍及高陵與更始叛將張卬等連和遂攻東都門三輔黃圖曰宣平門長安城東面北頭第一門也其外郭門名東都門入長安城更始來降盆子居長樂宮諸將日會論功爭言讙呼讙譁也讙音火完反拔劍擊柱不能相一三輔郡縣營長遣使貢獻兵士輒剽奪之剽劫也又數虜暴吏民百姓保壁由是皆復固守至臘日崇等乃設樂大會盆子坐正殿中黃門持兵在後公卿皆列坐殿上酒未行其中一人出刀筆書謁欲賀古者記事書於簡冊謬誤者以刀削而除之故曰刀筆其餘不知書者起往請之請其書己名也各各屯聚更

相背向大司農楊音按劍罵曰諸卿皆老傭也今日設君臣之禮反更殽亂（肴亦亂也）兒戲尚不如此皆可格殺（相拒而殺之曰格）更相辯鬬而兵衆遂各踰宮斬關入掠酒肉互相殺傷衛尉諸葛穉聞之勒兵入格殺百餘人乃定盆子惶恐日夜啼泣獨與中黃門共卧起唯得上觀閣而不聞外事時掖庭中宮女猶有數百千人自更始敗後幽閉殿門掘庭中蘆菔根（爾雅曰葖蘆菔音步北反菔字或作葍）捕池魚而食之死者因相埋於宮中有故祠甘泉樂人尚共擊鼓歌舞衣服鮮明（甘泉宮有祭祠之所樂人謂掌祭天之樂者也）見盆子叩頭言飢盆子使中黃門稟之米人數斗後盆子去皆餓死不出劉恭見赤眉衆亂知其必敗自恐兄弟俱禍密教盆子歸璽綬習爲辭讓之言建武二年正月朔崇等大會劉恭先曰諸君共立恭弟爲帝德誠深厚立且一年肴亂日甚誠不足以相成恐死而無所益願得退爲庶人更求賢知唯諸君省察崇等謝曰

此皆崇等罪也恭復固請或曰此寧式侯事邪劉恭爲式侯言衆立天子非恭所預恭惶恐起去盆子乃下牀解璽綬叩頭曰今設置縣官而爲賊如故吏人貢獻輒見剽劫流聞四方莫不怨恨不復信向此皆立非其人所致願乞骸骨避賢聖必欲殺盆子以塞責者無所離死離避也誠冀諸君肯哀憐之耳因涕泣噓唏唏與欷同崇等及會者數百人莫不哀憐之乃皆避席頓首曰臣無狀負陛下請自今已後不敢復放縱因共抱持盆子帶以璽綬盆子號呼不得已旣罷出各閉營自守三輔翕然稱天子聰明百姓爭還長安市里且滿得二十餘日赤眉貪財物復出大掠城中糧食盡遂收載珍寶因大縱火燒宮室引兵而西過祠南郊車甲兵馬最爲猛盛衆號百萬盆子乘王車駕三馬續漢志曰王車朱班輪青蓋左右騑駕三馬從數百騎乃自南山轉掠城邑與更始將軍嚴春戰於郿破春殺之遂入安定北地至陽城番須中逢大雪坑

谷皆滿士多凍死乃復還發掘諸陵取其寶貨遂汙辱呂后屍凡賊所發有玉匣殮者率皆如生漢儀注曰自腰已下以玉爲札長尺廣二寸半爲匣下至足綴以黃金縷謂之爲玉匣也故赤眉得多行婬穢大司徒鄧禹時在長安遣兵擊之於郁夷郁夷縣屬右扶風也反爲所敗禹乃出之雲陽九月赤眉復入長安止桂宮長安記曰桂宮在未央宮北亦曰北宮時漢中賊延岑出散關屯杜陵逢安將十餘萬人擊之鄧禹以逢安精兵在外唯盆子與羸弱居城中乃自往攻之會謝祿救至夜戰槀街中三輔舊事曰長安城中有槀街禹兵敗走延岑及更始將軍李寶合兵數萬人與逢安戰於杜陵岑等大敗死者萬餘人寶遂降安而延岑收散卒走寶乃密使人謂岑曰子努力還戰吾當於內反之表裏合埶可大破也岑即還挑戰安等空營擊之寶從後悉拔赤眉旌幟更立己幡旗安等戰疲還營見旗幟皆白大驚亂走自投川谷死者十餘萬逢安與數千人脫歸長安時三輔大飢人相食城郭

皆空白骨蔽野遺人往往聚爲營保各堅守不下赤眉虜掠無所得十二月乃引而東歸衆尚二十餘萬隨道復散光武乃遣破姦將軍侯進等屯新安建威大將軍耿弇等屯宜陽分爲二道以要其還路敕諸將曰賊若東走可引宜陽兵會新安賊若南走可引新安兵會宜陽明年正月鄧禹自河北度擊赤眉於湖（湖縣故城在今虢州湖城縣西南）禹復敗走赤眉遂出關南向征西大將軍馮異破之於崤底（即崤坂也在今洛州永寧縣西北）帝聞乃自將幸宜陽盛兵以邀其走路赤眉忽遇大軍驚震不知所爲乃遣劉恭乞降曰盆子將百萬衆降陛下何以待之帝曰待汝以不死耳樊崇乃將盆子及丞相徐宣以下三十餘人肉袒降上所得傳國璽綬更始七尺寶劍及玉璧各一積兵甲宜陽城西與熊耳山齊（宜陽縣故城韓國城也在今洛州福昌縣東酈元水經注曰洛水之北有熊耳山雙巒競舉狀同熊耳在宜陽西也）帝令縣厨賜食衆積困餧十餘萬人皆得飽飫明旦大陳兵馬臨洛水

令盆子君臣列而觀之謂盆子曰自知當死不對曰罪當應死猶幸上憐赦之耳帝笑曰兒大黠宗室無蚩者釋名曰蚩癡也又謂崇等曰得無悔降乎朕今遣卿歸營勒兵鳴鼓相攻決其勝負不欲強相服也徐宣等叩頭曰臣等出長安東都門君臣計議歸命聖德百姓可與樂成難與圖始故不告衆耳今日得降猶去虎口歸慈母誠歡誠喜無所恨也帝曰卿所謂鐵中錚錚傭中佼佼者也說文曰錚錚金也鐵之錚錚言微有剛利也錚音初耕反佼音古巧反佼好貌也詩曰佼人僚兮今相傳云音胡巧反言佼佼者凡傭之人稍爲勝也又曰諸卿大爲無道所過皆夷滅老弱溺社稷汚井竈溺音奴弔反然猶有三善攻破城邑周徧天下本故妻婦無所改易是一善也立君能用宗室是二善也餘賊立君迫急皆持其首降自以爲功諸卿獨完全以付朕是三善也乃令各與妻子居洛陽賜宅人一區田二頃其夏樊崇逢安謀反誅死楊音在長安時遇趙王良有恩賜爵關內侯與徐宣俱

歸鄉里卒於家劉恭爲更始報殺謝祿自繫獄赦不誅帝憐盆子賞賜甚厚以爲趙王郎中後病失明賜滎陽均輸官地以爲列肆（均輸官名屬司農肆市列也桓寬鹽鐵論云郡國諸侯各以其方物貢輸往來物多苦惡不償其費故郡國置輸官以相給運故曰均輸）使食其稅終身

贊曰聖公靡聞假我風雲（易曰雲從龍風從虎聖人作而萬物覩假借也言聖公初起無所聞知借我中興風雲之便）始順歸歷終然崩分赤眉阻亂（阻恃也）盆子探符雖盜皇器（皇器猶神器謂天位也）乃食均輸

劉玄劉盆子列傳第一　　後漢書十一

王劉張李彭盧列傳第二　後漢書十二

唐章懷太子賢注

王昌一名郎趙國邯鄲人也素爲卜相工明星歷常以爲河北有天子氣時趙繆王子林（景帝七代孫也）好奇數（數術）任俠於趙魏間多通豪猾而郎與之親善初王莽篡位長安中或自稱成帝子子輿者莽殺之（王莽傳曰時男子武仲自稱劉子輿）郎緣是詐稱眞子輿云母故成帝謳者嘗下殿卒偃須臾有黃氣從上下半日乃解遂妊身就館趙后欲害之（趙飛燕也）僞易它人子以故得全（東觀記曰宮婢生子正與同時即易之也）子輿年十二識命者郎中李曼卿（識命謂知天命也）與俱至蜀十七到丹陽（丹陽楚所封也在今歸州秭歸縣東也）二十還長安展轉中山來往燕趙以須天時（須待也）林等愈動疑惑乃與趙國大豪李育張參等通謀規共立郎會人間傳赤眉將度河林等因此宣言赤眉當立劉子輿以觀衆心百姓多信之更始元年十二月林等遂率

車騎數百晨入邯鄲城止於王宮（故趙王之宮也）立郎爲天子林爲丞相李育爲大司馬張參爲大將軍分遣將帥徇下幽冀移檄州郡曰制詔部刺史郡太守曰朕孝成皇帝子子輿者也昔遭趙氏之禍因㠯王莽篡殺賴知命者將護朕躬（東觀記曰知命者謂侍郎韓公等）解形河濱削迹趙魏（解形猶脫身也）王莽竊位獲罪於天天命佑漢故使東郡太守翟義嚴鄉侯劉信擁兵征討出入胡漢普天率土知朕隱在人間南嶽諸劉爲其先驅（聖公光武本自舂陵北徙故舂陵近衡山故曰南嶽諸劉也）朕仰觀天文乃興於斯㠯今月壬辰卽位趙宮休氣熏蒸應時獲雨蓋聞爲國子之襲父古今不易劉聖公未知朕故且持帝號諸興義兵咸㠯助朕皆當裂土享祚子孫已詔聖公及翟太守亟與功臣詣行在所（天子所在曰行在所）疑刺史二千石皆聖公所置未覩朕之沈滯或不識去就強者負力（負恃也）弱者惶惑今元元創痍已過半矣（痍傷也）朕甚悼焉故遣使者班下詔書郎㠯

百姓思漢既多言翟義不死故詐稱之以從人望於是趙國以北遼東以西皆從風而靡明年光武自薊得郎檄南走信都走趣也音子豆反發兵徇旁縣遂攻柏人不下議者以爲守柏人不如定鉅鹿光武乃引兵東北圍鉅鹿郎太守王饒據城數十日連攻不克耿純說曰久守王饒士衆疲敝不如及大兵精銳進攻邯鄲若王郎已誅王饒不戰自服矣光武善其計乃留將軍鄧滿續漢書滿作蒲守鉅鹿而進軍邯鄲屯其郭北門郎數出戰不利乃使其諫議大夫杜威持節請降威雅稱郎實成帝遺體光武曰設使成帝復生天下不可得況詐子輿者乎威請求萬戶矦光武曰顧得全身可矣顧猶念也威曰邯鄲雖鄙并力固守尚曠日月終不君臣相率但全身而已遂辭而去因急攻之二十餘日郎少傅李立爲反閒開門内漢兵遂拔邯鄲郎夜亡走道死追斬之

劉永者梁郡睢陽人梁孝王八世孫也傳國至父立元始中立與平帝外家衞氏交通（衞氏平帝母家也中山衞子豪之女）爲王莽所誅更始卽位永先詣洛陽紹封爲梁王都睢陽永聞更始政亂遂據國起兵以弟防爲輔國大將軍防弟少公御史大夫封魯王遂招諸郡豪傑沛人周建等並署爲將帥攻下濟陰山陽沛楚淮陽汝南凡得二十八城又遣使拜西防賊帥山陽佼彊爲橫行將軍（西防縣名故城在今宋州單父縣北佼音絞）是時東海人董憲起兵據其郡而張步亦定齊地永遣使拜憲翼漢大將軍步輔漢大將軍與共連兵遂專據東方及更始敗永自稱天子建武二年夏光武遣虎牙大將軍蓋延等伐永初陳留人蘇茂爲更始討難將軍與朱鮪等守洛陽鮪旣降漢茂亦歸命光武因使茂與蓋延俱攻永軍中不相能茂遂反殺淮陽太守掠得數縣據廣樂而臣於永永以茂爲大司馬淮陽王蓋延遂圍睢陽數月

拔之永將屬走虞虞縣名屬梁國故城在今宋州虞城縣虞人反殺其母及妻子永與麾下數十人奔譙蘇茂佼彊周建合軍救永爲蓋延所敗茂奔還廣樂彊建從永走保湖陵三年春永遣使立張步爲齊王董憲爲海西王於是遣大司馬吳漢等圍蘇茂於廣樂周建率衆救茂茂建戰敗棄城復還湖陵而睢陽人反城迎永反音幡吳漢與蓋延等合軍圍之城中食盡永與茂建走酇今亳州縣也酇音在何反諸將追急永將慶吾斬永首降封吾爲列侯蘇茂周建奔垂惠共立永子紆爲梁王佼彊還保西防四年秋遣捕虜將軍馬武騎都尉王霸圍紆建於垂惠蘇茂將五校兵救之紆建亦出兵與武等戰不克而建兄子誦反閉城門拒之建茂紆等皆走建於道死茂奔下邳與董憲合紆奔佼彊五年遣驃騎大將軍杜茂攻佼彊於西防彊與劉紆奔董憲時平狄將軍龐萌反叛遂襲破蓋延引兵與董憲連和自號東

平王屯桃鄉之北桃鄉故城在今兗州龔丘縣西北也龐萌山陽人初亡命在下江兵中更始立以爲冀州牧將兵屬尚書令謝躬共破王郎及躬敗萌乃歸降光武即位以爲侍中萌爲人遜順甚見信愛帝嘗稱曰可以託六尺之孤寄百里之命者解見明紀龐萌是也拜爲平狄將軍與蓋延共擊董憲時詔書獨下延而不及萌萌以爲延譖己自疑遂反帝聞之大怒乃自將討萌與諸將書曰吾常以龐萌社稷之臣將軍得無笑其言乎老賊當族其各厲兵馬會睢陽憲聞帝自討龐萌乃與劉紆蘇茂佼彊去下邳還蘭陵使茂彊助萌合兵三萬急圍桃城帝時幸蒙聞之乃留輜重自將輕騎三千步卒數萬晨夜馳赴師次任城去桃鄉六十里旦日諸將請進賊亦勒兵挑戰帝不聽乃休士養銳以挫其鋒城中聞車駕至衆心益固時吳漢等在東郡馳使召之萌等乃悉兵攻城二十餘日衆疲困而不能下及

吳漢與諸將到，乃率衆軍進桃城，而帝親自搏戰，大破之。萌、茂、彊夜棄輜重逃奔董憲。乃與劉紆恐其兵數萬人屯昌慮，自將銳卒拒新陽。（新陽縣，屬東海郡。）帝先遣吳漢擊破之，憲走還昌慮，漢進守之。憲恐，乃招誘五校餘賊步騎數千人屯建陽，去昌慮三十里。（建陽縣，屬東海郡，故城在今沂州承縣北。承音時證反。）帝至蕃，（蕃音皮，又音婆。）去憲所百餘里，諸將請進，帝不聽，知五校之食當退，敕各堅壁以待其敝。頃之，五校糧盡，果引去。帝乃親臨四面攻憲，三日，復大破之，衆皆奔散。遣吳漢追擊之，佼彊將其衆降，蘇茂奔張步，憲及龐萌走入繒山。（繒，縣名，故城在今沂州承縣東北。繒山即其縣之山也。）數日，吏士聞憲尚在，復往往相聚，得數百騎，迎憲入郯城。吳漢等復攻拔郯，憲與龐萌走保朐。（縣名，屬東海郡，今海州朐山縣西有故朐城。秦始皇立石以爲東關門，即此地也。）劉紆不知所歸，軍士高扈斬其首降，梁地悉平。吳漢進圍朐。明年，城中穀盡，憲、萌潛出襲取贛榆，（贛榆，縣名，今海州東海縣也。贛音貢。）琅邪太守陳俊攻之，憲、萌走澤中。會吳漢下朐城進盡獲其妻子憲乃流涕謝其將士曰妻子皆已得矣爲吳漢所得也嗟乎久苦諸卿乃將數十騎夜去欲從間道歸降而吳漢校尉韓湛追斬憲於方與方與音防預方與人黔陵亦斬萌皆傳首洛陽封韓湛爲列侯黔陵爲關內侯

張步字文公琅邪不其人也漢兵之起步亦聚衆數千轉攻傍縣下數城自爲五威將軍遂據本郡更始遣魏郡王閎爲琅邪太守步拒之不得進閎爲檄曉諭吏人降得贛榆等六縣收兵數千人與步戰不勝時梁王劉永自以更始所立貪步兵彊承制拜步輔漢大將軍忠節侯督青徐二州使征不從命者步貪其爵號遂受之乃理兵於劇劇縣名在今青州壽光縣南也以弟弘爲衞將軍弘弟藍玄武大將軍藍弟壽高密太守遣將徇太山東萊城陽膠東北海濟南齊諸郡皆下之步拓地寖廣寖漸也兵甲日盛王閎懼其衆散乃詣步相見

欲誘以義方步大陳兵引閎怒曰步有何過君前見攻之甚乎閎按劍曰太守奉朝命而文公擁兵相距閎攻賊耳何謂甚邪步嘿然良久離席跪謝乃陳樂獻酒待以上賓之禮令閎關掌郡事關通也建武三年光武遣光祿大夫伏隆持節使齊拜步為東萊太守劉永聞隆至劇乃馳遣立步為齊王步即殺隆而受永命是時帝方北憂漁陽南事梁楚故步得專集齊地據郡十二及劉永死步等欲立永子紆為天子自為定漢公置百官王閎諫曰梁王以奉本朝之故是以山東頗能歸之今尊立其子將疑眾心且齊人多詐汲黯目公孫弘之詞宜且詳之步乃止五年步聞帝將攻之以其將費邑為濟南王屯歷下冬建威大將軍耿弇破斬費邑進拔臨淄步以弇兵少遠客可一舉而取乃悉將其眾攻弇於臨淄步兵大敗還奔劇帝自幸劇步退保平壽今青州北海縣也蘇茂將萬餘人來救之茂讓步

曰吕南陽兵精延岑善戰而耿弇走之大王奈何就攻其營旣呼茂不能待邪步曰負負無可言者負愧也再言之者愧之甚帝乃遣使告步茂能相斬降者封爲列矦步遂斬茂使使奉其首降步三弟各自繫所在獄皆赦之封步爲安丘矦後與家屬居洛陽王閎亦詣劇降八年夏步將妻子逃奔臨淮與弟弘藺欲招其故衆乘船入海琅邪太守陳俊追擊斬之王閎者王莽叔父平阿矦譚之子也哀帝時爲中常侍時倖臣董賢爲大司馬寵愛貴盛閎屢諫忤旨哀帝臨崩吕璽綬付賢曰無妄吕與人時國無嗣主內外恇懼閎白元后請奪之卽帶劒至宣德後闥三輔黃圖曰未央宮有宣德殿闥宮中門也舉手叱賢曰宮車晏駕國嗣未立公受恩深重當俯伏號泣何事久持璽綬吕待禍至邪賢知閎必死不敢拒之乃跪授璽綬閎馳上太后朝廷壯之及王莽篡位潛忌閎乃出爲東郡太守閎懼誅常繫藥手內莽敗漢兵

起閎獨完全東郡三十餘萬戶歸降更始

李憲者潁川許昌人也王莽時爲廬江屬令（王莽每郡置屬令職如都尉）莽末江賊王州公等起衆十餘萬攻掠郡縣莽吕憲爲偏將軍廬江連率擊破州公莽敗憲據郡自守更始元年自稱淮南王建武三年遂自立爲天子置公卿百官擁九城衆十餘萬四年秋光武幸壽春遣揚武將軍馬成等擊憲圍舒（廬江舒縣）至六年正月拔之憲亡走其軍士帛意（帛姓也宋帛產之後也見韓非子也）追斬憲而降憲妻子皆伏誅封帛意漁浦侯後憲餘黨淯于臨等猶聚衆數千人屯灊山攻殺安豐令（灊山安豐皆縣名屬廬江郡灊縣故城今壽州也）揚州牧歐陽歙遣兵不能克帝議欲討之廬江人陳衆爲從事白歙請得喻降臨（曉喻其意而降之也）於是乘單車駕白馬往說而降之灊山人共生爲立祠號白馬陳從事云

彭寵字伯通南陽宛人也父宏哀帝時爲漁陽太守偉容貌能飲

飯（飯音扶遠反）有威於邊王莽居攝誅不附己者宏與何武鮑宣並遇害寵少爲郡吏地皇中爲大司空士（王莽時九卿分屬三公每一卿置元士三人）從王邑東拒漢軍到洛陽聞同產弟在漢兵中懼誅即與鄉人吳漢亡至漁陽抵父時吏（抵歸也）更始立使謁者韓鴻持節徇北州（謂幽并也）承制得專拜二千石已下鴻至薊以寵漢並鄉閭故人相見歡甚即拜寵偏將軍行漁陽太守事漢安樂令（安樂縣名屬漁陽郡故城在今幽州潞縣西北也）及光武鎮慰河北至薊以書招寵寵具牛酒將上謁會王郎詐立傳檄燕趙遣將徇漁陽上谷急發其兵北州衆多疑惑欲從之吳漢說寵從光武語在漢傳上谷太守耿況亦使功曹寇恂詣寵結謀共歸光武寵乃發步騎三千人以吳漢行長史及都尉嚴宣護軍蓋延狐奴令王梁（狐奴縣名屬漁陽郡）與二谷軍合而南及光武於廣阿光武承制封寵建忠侯賜號大將軍遂圍邯鄲寵轉糧食前後不絕及王郎死光武追銅馬

北至薊寵上謁自負其功意望甚高負恃也光武接之不能滿㠯此懷不平不能滿其意故心不平也光武知之㠯問幽州牧朱浮浮對曰前吳漢北發兵時大王遺寵㠯所服劍又倚㠯爲北道主人寵謂至當迎閤握手交歡並坐今既不然所㠯失望浮因曰王莽爲宰衡時甄豐旦夕入謀議時人語曰夜半客甄長伯長伯豐字也豐平帝時爲少府王莽篡位時爲更始將軍及莽篡位後豐意不平卒㠯誅死光武大笑㠯爲不至於此及卽位吳漢王梁寵之所遣並爲三公而寵獨無所加愈怏怏不得志歎曰我功當爲王但爾者陛下忘我邪是時北州破散而漁陽差完有舊鹽鐵官寵轉㠯貿穀貿易也積珍寶益富彊朱浮與寵不相能浮數譖構之建武二年春詔徵寵寵意浮賣己上疏願與浮俱徵又與吳漢蓋延等書盛言浮枉狀枉譖己之狀也固求同徵帝不許益㠯自疑而其妻素剛不堪抑屈固勸無受召寵又與常所親信吏計議皆懷怨於

浮莫有勸行者帝遣寵從弟子后蘭卿諭之寵因留子后蘭卿遂發兵反拜署將帥自將二萬餘人攻朱浮於薊分兵徇廣陽上谷右北平又自以與耿況俱有重功而恩賞並薄數遣使要誘況況不受輒斬其使秋帝使游擊將軍鄧隆救薊隆軍潞南浮軍雍奴遣吏奏狀帝讀檄怒謂使吏曰營相去百里其埶豈可得相及比若還（若汝也）北軍必敗矣寵果盛兵臨河以拒隆又別發輕騎三千襲其後大破隆軍浮遠遂不能救引而去明年春寵遂拔右北平上谷數縣遣使以美女繒綵賂遺匈奴要結和親單于使左南將軍七八千騎往來爲游兵以助寵又南結張步及富平獲索諸豪桀皆與交質連衡（交質謂交相爲質也左傳曰交質往來道路無壅前書音義曰以利合曰從以威力相脅曰横）遂攻拔薊城自立爲燕王其妻數惡夢又多見怪變（東觀記曰夢羸袒冠幘踰城髡徒推之又寵堂上聞蝦蟇聲在火鑪下鑿地求之不得也）卜筮及望氣者皆言兵當從中起寵疑子后蘭卿質漢歸故不信之

使將兵居外，無親於中。五年春，寵齋，獨在便室（便坐之室，非正室也），蒼頭子密等三人因寵臥寐，共縛著牀，告外吏云：「大王齋禁，皆使吏休。」僞稱寵命教，收縛奴婢，各置一處。又以寵命呼其妻，妻入，大驚（東觀記曰：妻入，驚曰：「奴反！」奴乃捽其妻頭，擊其頰），寵急呼曰：「趣爲諸將軍辦裝。」（呼奴爲將軍，欲其赦己也）於是兩奴將妻入取寶物，留一奴守寵。寵謂守奴曰：「若小兒，我素所愛也，今爲子密所迫劫耳。解我縛，當以女珠妻汝，家中財物皆與若。」小奴意欲解之，視戶外，見子密聽其語，遂不敢解。於是收金玉衣物，至寵所裝之，被馬六匹，使妻縫兩縑囊。昏夜後，解寵手，令作記告城門將軍云：「今遣子密等至子后蘭卿所，速開門出，勿稽留之。」（稽，停也）書成，即斬寵及妻頭，置囊中，便持記馳出城，因以詣闕。封爲不義侯。明旦，閤門不開，官屬踰牆而入，見寵尸，驚怖。其尚書韓立等共立寵子午爲王，以子后蘭卿爲將軍。國師韓利斬午首詣征虜將軍祭遵降，夷

其宗族

盧芳字君期安定三水人也居左谷中（續漢志曰三水縣有左右谷故城在今涇州安定縣南）王莽時天下咸思漢德芳由是詐自稱武帝曾孫劉文伯曾祖母匈奴谷蠡渾邪王之姊爲武帝皇后生三子遭江充之亂太子誅皇后坐死中子次卿亡之長陵小子回卿逃於左谷霍將軍立次卿迎回卿回卿不出因居左谷生子孫卿孫卿生文伯常㠯是言誑惑安定閒王莽末乃與三水屬國羌胡起兵更始至長安徵芳爲騎都尉使鎮撫安定㠯西更始敗三水豪桀共計議㠯芳劉氏子孫宜承宗廟乃共立芳爲上將軍西平王（欲平定西方故以爲號）使使與西羌匈奴結和親單于曰匈奴本與漢約爲兄弟（高祖時與冒頓單于約爲兄弟）後匈奴中衰呼韓邪單于歸漢漢爲發兵擁護世世稱臣（呼韓邪單于降漢入朝宣帝擁護國內遂定）今漢亦中絕劉氏來歸我亦當立之令尊事我乃使句林王將數千騎迎芳

句音古侯反芳與兄禽弟程俱入匈奴單于遂立芳爲漢帝以程爲中郎將將胡騎還入安定初五原人李興隨昱朔方人田颯代郡人石鮪閔堪各起兵自稱將軍建武四年單于遣無樓且渠王入五原塞塞屬五原郡因以爲名與李興等和親告興欲令芳還漢地爲帝五年李興閔堪引兵至單于庭迎芳與俱入塞都九原縣九原縣名故城在勝州銀山縣也掠有五原朔方雲中定襄鴈門五郡並置守令與胡通兵侵苦北邊六年芳將軍賈覽將胡騎擊殺代郡太守劉興芳後以事誅其五原太守李興兄弟而其朔方太守田颯雲中太守橋扈恐懼叛芳舉郡降光武令領職如故後大司馬吳漢驃騎大將軍杜茂數擊芳並不克十二年芳與賈覽共攻雲中久不下其將隨昱留守九原欲脅芳降芳知羽翼外附心膂內離遂弃輜重與十餘騎亡入匈奴其衆盡歸隨昱昱乃隨使者程恂詣闕拜昱爲五原太守封鐫胡

侯（鐫謂琢鑿之故以爲名下有鐫羌侯卽其類）昱弟憲武進侯十六年芳復入居高柳（高柳縣名故城在今雲州定襄縣）與閔堪兄林使使請降乃立芳爲代王堪爲代相林爲代太傅賜繒二萬匹因使和集匈奴芳上疏謝曰臣芳過託先帝遺體弃在邊陲社稷遭王莽廢絕以是子孫之憂所宜共誅故遂西連羌戎北懷匈奴單于不忘舊德權立救助是時兵革並起往往而在臣非敢有所貪覬（覬望也）期於奉成宗廟興立社稷是以久僭號位十有餘年罪宜萬死陛下聖德高明躬率眾賢海內賓服惠及殊俗以肺附之故（肺附若肝肺相附著猶言親戚也）赦臣芳罪加以仁恩封爲代王使備北藩無以報塞重責冀必欲和輯匈奴（輯音才入反郭景純云古集字）不敢遺餘力負恩貸（負猶背也）謹奉天子玉璽思望闕庭詔報芳朝明年正月其冬芳入朝南及昌平（昌平縣名故城在今幽州昌平縣東南）有詔止令更朝明歲芳自道還憂恐乃復背叛遂反與閔堪閔林相攻連月匈奴遣數百騎迎芳及妻子

出塞芳留匈奴中十餘年病死初安定屬國胡與芳爲寇及芳敗胡人還鄉里積苦縣官徭役其中有駮馬少伯者素剛壯二十一年遂率種人反叛與匈奴連和屯聚青山（青山在今慶州有青山水）乃遣將兵長史陳訢（呂忱云訢古欣字）率三千騎擊之少伯乃降徙於冀縣（冀縣屬天水郡今秦州奉羌縣）

論曰傳稱盛德必百世祀（左傳晉侯問於史趙曰陳其遂亡乎對曰未也臣聞盛德必百代祀虞之代數未也）孔子曰寬則得衆夫能得衆心則百世不忘矣觀更始之際劉氏之遺恩餘烈英雄豈能抗之哉然則知高祖孝文之寬仁結於人心深矣周人之思邵公愛其甘棠（詩序曰甘棠美邵伯也邵伯聽訟於甘棠之下周人思之不伐其樹）又況其子孫哉劉氏之再受命蓋以此乎若數子者豈有國之遠圖哉因時擾攘苟恣縱而已耳然猶以附假宗室能掘强歲月之間（掘强謂强梁也前書伍被謂淮南王安曰掘强江淮之間苟延歲月之命）觀其智略固無足以憚漢祖發其英靈者也（言此數子非漢祖之敵不足奮發英靈而憚畏之也）

贊曰：天地閉革，革改也。易曰：「天地閉，賢人隱。」又曰：「天地革而四時成，湯武革命，順乎天而應乎人。」野戰羣龍。喻英雄並起也。易曰：「龍戰于野，其血玄黃。」又曰：「羣龍无首，吉」也。昌芳僭詐，梁齊連鋒。梁王劉永，齊王張步。龍負強地，據漁陽也。憲縈深江。起盧江也。實惟非律，代委神邦。易曰：「師出以律。」律，法也。言反叛非用師之法，故更代破滅，委棄其神皐之國，伏於光武也。

王劉張李彭盧列傳第二

後漢書十二

隗囂公孫述列傳第三　　後漢書十三

唐章懷太子賢注

隗囂字季孟天水成紀人也成紀縣名故城在今秦州隴城縣西北少仕州郡王莽國師劉歆引囂爲士王莽置國師位上公士其屬官也莽置九卿分屬三公每一卿置大夫三人一大夫置元士三人歆死囂歸鄉里季父崔素豪俠能得衆聞更始立而莽兵連敗於是乃與兄義及上邽人楊廣冀人周宗謀起兵應漢囂止之曰夫兵凶事也史記范蠡曰兵者凶器戰者逆德宗族何辜崔不聽遂聚衆數千人攻平襄殺莽鎭戎大尹平襄縣名屬天水郡故城在今秦州伏羌縣西北王莽改天水郡曰鎭戎郡守曰大尹崔廣等以爲舉事宜立主以一衆心咸謂囂素有名好經書遂共推爲上將軍囂辭讓不得已曰諸父衆賢不量小子必能用囂言者乃敢從命衆皆曰諾囂既立遣使聘請平陵人方望以爲軍師平陵縣名屬右扶風也望至說囂曰足下欲承天順民輔漢而起今立者乃在南陽王莽尚據長安雖欲以漢爲名其

實無所受命將何以見信於衆乎宜急立高廟稱臣奉祠所謂神道設教求助人神者也易觀卦曰聖人神道設教而天下服矣且禮有損益質文無常削地開兆除地以開兆域茅茨土階以致其肅敬雖未備物神明其舍諸儒從其言遂立廟邑東祀高祖太宗世宗囂等皆稱臣執事史奉璧而告史祝史也璧者所以禮神也祝畢有司穿坎于庭周禮司盟掌盟載之法也鄭玄注曰載盟辭也書其辭於策殺牲取血坎其牲加書於上而薶之牽馬操刀奉盤錯鍉遂割牲而盟臣賢按蕭該音引字詁鍉卽題音徒啓反方言曰宋楚之閒謂盎爲題據下文云鍉不濡血明非盆盎之類前書匈奴傳云漢遣韓昌等與單于及大臣俱登諾水東山刑白馬單于以徑路刀金留犂撓酒應劭曰留犂飯匕也撓攪也以匕攪血而歃之今亦奉盤措匙而歃也以此而言題卽匙字錯置也音七故反曰凡我同盟三十一將十有六姓允承天道興輔劉宗如懷姦慮明神殛之殛誅也高祖文皇武皇俾墜厥命厥宗受兵族類滅亡有司奉血鍉進護軍舉手揖諸將軍曰鍉不濡血歃不入口是欺神明也厥罰如盟既而薶血加書一如古禮事畢移檄告郡國曰漢復元年七月己酉朔己巳上將軍隗囂白虎將軍隗崔左將

軍隗義右將軍楊廣明威將軍王遵雲旗將軍周宗等告州牧部
監郡卒正連率大尹尹尉隊大夫屬正屬令莽以周官王制之文置卒正連率大尹大尹職如太守屬令屬
長職如都尉置州牧部監二十五人見禮如三公監位上大夫各主五郡公氏作牧侯氏卒正伯氏連率子氏屬令男氏屬長皆代其官其無爵者爲尹又置六隊部大夫職如太守故新
都侯王莽慢侮天地悖道逆理鴆殺孝平皇帝篡奪其位矯託天
命僞作符書莽遣五威將軍王奇等班符命四十二篇於天下言當代漢之意欺惑衆庶震怒上帝反戾飾
文以爲祥瑞大風毀莽王露堂又拔其昭盛堂地東榆樹大十圍莽乃曰念紫閣仙圖天意立太子正其名乃立其子臨爲太子以爲祥應也戲弄神
祇歌頌禍殃戲弄神祇謂仙人掌旁有白頭公青衣莽曰皇祖叔父子僑欲來迎我也歌頌禍殃謂莽作告天策自陳功勞千餘言能誦策文者除以爲郎至五十餘
人楚越之竹不足以書其惡前書朱光世曰南山之竹不足以盡我詞嚚以楚越多竹故引以爲言也天下昭然所
共聞見今略舉大端以喻吏民蓋天爲父地爲母尚書曰惟天地萬物父母禍福之
應各以事降莽明知之而冥昧觸冒不顧大忌詭亂天術援引史
傳王莽每有災禍皆引史傳以文飾之前書說符侯崔發言於莽曰周禮及春秋左氏國有大災則哭以厭之故周易稱先號咷而後笑宜呼嗟告天以求救莽乃率羣臣至南郊陳其符命
因搏心大哭昔秦始皇毀壞謚法以一二數欲至萬世史記曰秦始皇初并天下制曰太古有號無謚中古

有號死而以行爲謚如此則子議父臣議君自今以來除謚法朕爲始皇帝後世以計數至於萬世傳之無窮而莽下三萬六千歲之歷言身當盡此度莽令太史推三萬六千歲厤紀六歲一改元布告天下循亡秦之軌推無窮之數是其逆天之大罪也分裂郡國斷截地絡絡猶經絡也謂莽分坼郡縣斷割彊界也田爲王田賣買不得莽更名天下田曰王田不得賣買規錮山澤奪民本業莽制名山大澤不得採取造起九廟窮極土作莽九廟一曰黃帝太初祖廟二曰虞帝始祖昭廟三曰陳胡王統祖穆廟四曰齊敬王代祖昭廟五曰濟北愍王王祖穆廟六曰濟南伯王尊禰昭廟七曰元城孺子王尊禰穆廟八曰陽平頃王昭廟九曰新都顯王穆廟殿皆重屋太祖廟東西南北各四十丈高十七丈餘半之爲銅欂櫨飾以金銅琱文窮極百工之巧功費數百鉅萬卒徒死者萬數也發冢河東攻劫巨龍此其逆地之大罪也尊任殘賊信用姦佞誅戮忠正覆按口語赤車奔馳續漢志曰小使車赤轂白蓋赤帷從騶騎四十人法冠晨夜冤繫無辜續漢志曰法冠一曰柱後高五寸侍御史服之妄族衆庶行炮烙之刑除順時之法莽作焚如之刑燒殺陳良終帶等二十七人莽又作不順時之令春夏斬人此爲不順時之法灌以醇醯裂以五毒莽以董忠反收忠宗族以醇醯毒藥白刃叢棘并一坎而薶之政令日變官名月易莽州郡官名改無常制乃至歲復變更一郡至五易名而還復其故吏人不能紀也貨幣歲改時百姓便安漢五銖錢以莽錢大小兩行難知皆私以五銖錢市買莽患之下書諸挾五銖錢者比非井田制投四裔吏民昏亂不知所從商旅窮窘號泣市道

設爲六管（管主也莽設六管之令謂酤酒賣鹽鐵器鑄錢名山大澤此爲六也皆令縣官主稅收其利）增重賦斂刻剝百姓厚自奉養苞苴流行財入公輔（禮記曰苞苴簞笥問人者莽令七公六卿兼號將軍分鎮大郡皆使爲姦於外貨賄爲市侵漁百姓）上下貪賄莫相檢考民坐挾銅炭沒入鍾官（莽時關東大飢蝗人犯鑄錢伍人相坐沒入爲官奴婢其男子檻車兒女子步以鐵鎖其頸傳詣鍾官八十萬數到者易其夫婦愁苦死者什六七鍾官主鑄錢之官也）徒隸殷積數十萬人工匠飢死長安皆臭既亂諸夏狂心益悖北攻彊胡南擾勁越（莽令十二部將同時十道並出大擊匈奴莽改句町王爲侯其王邯怨怒不附莽諷牂柯大尹周歆詐殺邯邯弟承起兵攻殺歆）西侵羌戎東摘濊貊（摘擾也西羌龐恬傅幡等怨莽奪其地爲西海郡遂反攻西海太守陳永莽又發高句麗兵伐胡不欲行郡強迫之皆亡出塞爲寇）使四境之外並入爲害緣邊之郡江海之瀕滌地無類（瀕涯也滌蕩也蕩地無遺類也）故攻戰之所敗苛罰之所陷飢饉之所夭疾疫之所及以萬萬計其死者則露尸不掩生者則奔亡流散幼孤婦女流離係虜此其逆人之大罪也是故上帝哀矜降罰于莽妻子顛殞還自誅刈（顛踣也殞絕也莽殺其子宇臨等妻王氏以莽數殺其子涕泣失明病卒）大臣反據亡形已成大司馬董忠國師劉歆衛將軍王涉（涉曲陽侯根之子也）皆結謀內

潰司命孔仁納言嚴尤秩宗陳茂舉衆外降莽置五威司命孔仁敗降更始餘並見光武紀今山東之兵二百餘萬已平齊楚下蜀漢定宛洛據敖倉守函谷威命四布宣風中岳中岳嵩高也謂更始至洛陽興滅繼絶封定萬國遵高祖之舊制修孝文之遺德有不從命武軍平之馳使四夷復其爵號莽貶句町王爲侯西域盡改其王爲侯單于曰服于高句麗曰下句麗今皆復其爵號然後還師振旅櫜弓臥鼓周禮曰出曰理兵入曰振旅詩周頌曰載戢干戈載櫜弓矢櫜韜也臥猶息也申命百姓各安其所庶無負子之責百姓襁負流亡責在君上既安其業則無責也嚻乃勒兵十萬擊殺雍州牧陳慶將攻安定安定大尹王向莽從弟平阿侯譚之子也威風獨能行其邦內屬縣皆無叛者嚻乃移書於向喻以天命反覆誨示終不從於是進兵虜之以徇百姓然後行戮安定悉降而長安中亦起兵誅王莽嚻遂分遣諸將徇隴西武都金城武威張掖酒泉燉煌皆下之更始二年遣使徵嚻及崔義等嚻將行方望以爲更始未可知固止之嚻不聽望以書辭謝而去

曰足下將建伊呂之業弘不世之功（不世者言非代之所常有也）而大事草創（草創謂初始也）英雄未集以望異域之人疵瑕未露（望平陵人以與囂別郡故言異域）欲先崇郭隗想望樂毅（新序云郭隗謂燕昭王曰王誠欲致士請從隗始隗且見事況賢於隗者乎於是昭王爲隗築宮而師之樂毅自魏往騶衍自齊往劇辛自趙往士爭赴燕）故欽承大旨順風不讓將軍以至德尊賢廣其謀慮動有功發中權基業已定大勳方緝今俊乂並會羽翮比肩（管子曰桓公謂管仲曰寡人之有仲父猶飛鴻之有羽翼耳）望無耆者之德而猥託賓客之上（猥猶濫也）誠自愧也雖懷介然之節欲絜去就之分誠終不背其本貳其志也何則范蠡收責句踐乘偏舟於五湖（偏舟特舟也收責謂收其罪責也史記曰范蠡與句踐滅吳爲書辭句踐曰臣聞主憂臣勞主辱臣死昔者君王辱於會稽所以不死爲此事也今既雪恥臣請從會稽之誅乃裝其輕寶珠玉自與其私徒屬乘舟浮海以行計然云范蠡乘偏舟於江湖）咎犯謝罪文公亦逡巡於河上（逡巡不進也左傳曰晉公子重耳反國及河子犯以璧授公子曰臣負羈紲從君巡於天下臣之罪多矣臣猶知之而況君乎請由此亡公子曰所不與舅氏同心者有如白水）夫以二子之賢勒銘兩國猶削跡歸愆請命乞身望之無勞蓋其宜也望聞烏氏有龍池之山（烏氏縣名屬安定郡故城在今涇州安定縣東也）微徑南通與漢相屬其傍時

有奇人聊及閒暇廣求其眞願將軍勉之囂等遂至長安更始以爲右將軍崔義皆卽舊號其冬崔義謀欲叛歸囂懼幷禍卽以事告之崔義誅死更始感囂忠以爲御史大夫明年夏赤眉入關三輔擾亂流聞光武卽位河北囂卽說更始歸政於光武叔父國三老良更始不聽諸將欲劫更始東歸囂亦與通謀事發覺更始使使者召囂囂稱疾不入因會客王遵周宗等勒兵自守更始使執金吾鄧曄謝承書曰曄南陽南鄉人以勁悍廉直爲名將兵圍囂囂閉門拒守至昏時遂潰圍與數十騎夜斬平城門關三輔黃圖曰長安城南面西頭門亡歸天水復招聚其衆據故地自稱西州上將軍及更始敗三輔耆老士大夫皆奔歸囂囂素謙恭愛士傾身引接爲布衣交以前王莽平河大尹長安谷恭莽改清河爲平河爲掌野大夫平陵范逡爲師友趙秉蘇衡鄭興爲祭酒前書音義曰禮飮酒必祭示有先也故稱祭酒祭祀時唯長者以酒沃酹申屠剛杜林爲持書持書卽持書侍御史秩六百石楊廣王遵周

宗及平襄人行巡阿陽人王捷長陵人王元爲大將軍（東觀記曰元杜陵人阿陽縣名屬天水郡本爲河陽者誤也）杜陵金丹之屬爲賓客由此名震西州聞於山東建武二年大司徒鄧禹西擊赤眉屯雲陽禹裨將馮愔引兵叛禹西向天水囂迎擊破之於高平（縣名今原州高平縣）盡獲輜重於是禹承制遣使持節命囂爲西州大將軍得專制涼州朔方事及赤眉去長安欲西上隴囂遣將軍楊廣迎擊破之又追敗之於烏氏涇陽間（涇陽縣名屬安定郡今原州平原縣南涇陽故城是也）囂既有功於漢又受鄧禹爵署其腹心議者多勸通使京師三年囂乃上書詣闕光武素聞其風聲報以殊禮言稱字用敵國之儀所以慰藉之良厚（慰安也藉薦也言安慰而薦藉之良甚也）時陳倉人呂鮪擁衆數萬與公孫述通寇三輔囂復遣兵佐征西大將軍馮異擊之走鮪遣使上狀帝報以手書曰慕樂德義思相結納昔文王三分猶服事殷（孔子曰周之德可謂至德三分天下有其二以服事殷）但駑馬鈆刀不可強扶（周禮校人掌六馬駑馬最下者也說

文鋊青金也似錫而色青賈誼云鋊刀爲銛言駑馬鋊刀不可强扶持而用也數蒙伯樂一顧之價戰國策曰蘇代爲燕說齊未見齊王先說淳于髡曰人有賣駿馬者比三旦立市市人莫之知往見伯樂曰臣有駿馬欲賣之比三旦立於市市人莫與言願子還而視之去而顧之臣請獻一朝之價伯樂如其言一旦而價十倍也而蒼蠅之飛不過數步卽託驥尾得㠯絶羣張敞書曰蒼蠅之飛不過十步自託騏驥之尾乃騰千里之路然無損於騏驥得使蒼蠅絶羣也見敞傳隔於盜賊聲問不數將軍操執款款扶傾救危南距公孫之兵北禦羌胡之亂是㠯馮異西征得㠯數千百人躑躅三輔躑躅猶踟躕也微將軍之助則咸陽已爲佗人禽矣今關東寇賊往往屯聚志務廣遠多所不暇未能觀兵成都與子陽角力角力猶爭力也如令子陽到漢中三輔願因將軍兵馬鼓旗相當儻肯如言蒙天之福卽智士計功割地之秋也秋一歲中成功之時故舉以爲言管仲曰生我者父母成我者鮑子事見史記自今㠯後手書相聞勿用傍人解構之言解構猶間構也自是恩禮愈篤其後公孫述數出兵漢中遣使㠯大司空扶安王印綬授囂囂自㠯與述敵國恥爲所臣乃斬其使出兵擊之連破述軍㠯故蜀兵不復

北出時關中將帥數上書，言蜀可擊之狀，帝以示囂，因使討蜀以效其信。囂乃遣長史上書，盛言三輔單弱，劉文伯在邊（文伯，盧芳字也），未宜謀蜀。帝知囂欲持兩端，不願天下統一，於是稍黜其禮，正君臣之儀。初，囂與來歙、馬援相善，故帝數使歙、援奉使往來，勸令入朝，許以重爵。囂不欲東，連遣使深持謙辭，言無功德，須四方平定，退伏閭里。五年，復遣來歙說囂遣子入侍，囂聞劉永、彭寵皆已破滅，乃遣長子恂隨歙詣闕。以為胡騎校尉，封鐫羌侯（胡騎校尉，武帝置，秩二千石也。鐫謂鐫鑿也）。而囂將王元、王捷常以為天下成敗未可知，不願專心內事。元遂說囂曰：「昔更始西都，四方響應，天下喁喁，謂之太平（喁喁，眾口向上也）。一旦敗壞，大王幾無所厝。今南有子陽，北有文伯，江湖海岱，王公十數（謂張步據齊，董憲起東海，李憲守舒，劉紆居垂惠，佼彊、周建、秦豐等各據州郡），而欲牽儒生之說，弃千乘之基（儒生謂馬援說囂歸光武），羈旅危國以求萬全，此循覆車之軌，計之不可者也。今天水完富，士馬最強北收西河上郡東收三輔之地按秦舊迹表裏河山秦外山而內河左傳曰表裏山河元請以一丸泥爲大王東封函谷關此萬世一時也若計不及此且畜養士馬據隘自守曠日持久以待四方之變圖王不成其弊猶足以霸前書徐樂曰圖王不成其弊足以霸也要之魚不可脫於淵老子曰魚不可脫於泉脫失也失泉則涸矣神龍失埶即還與蚯蚓同慎子曰騰蛇游霧飛龍乘雲雲罷霧除與蚯蚓同失其所乘故也囂心然元計雖遣子入質猶負其險阸欲專方面於是游士長者稍稍去之東觀記曰杜林先去餘稍稍相隨東詣京師六年關東悉平帝積苦兵閒以囂子內侍公孫述遠據邊垂乃謂諸將曰且當置此兩子於度外耳因數騰書隴蜀說文曰騰傳也告示禍福囂賓客掾史多文學生每所上事當世士大夫皆諷誦之故帝有所辭答尤加意焉囂復遣使周游詣闕先到馮異營游爲仇家所殺帝遣衛尉銚期持珍寶繒帛賜囂期至鄭被盜鄭今華州縣是也亡失財物帝常稱囂長者務欲招之聞而歎曰吾與隗囂事欲

不譴使來見殺得賜道亡會公孫述遣兵寇南郡南郡今荊州也乃詔囂當從天水伐蜀因此欲㠯潰其心腹囂復上言白水險阻棧閣絕敗白水縣有關屬廣漢郡棧閣者山路懸險棧木爲閣道又多設支閣支柱障閣帝知其終不爲用叵欲討之叵猶遂也遂西幸長安遣建威大將軍耿弇等七將軍從隴道伐蜀先使來歙奉璽書喩旨囂疑懼卽勒兵使王元據隴坻坻坂也郭仲產秦州記曰隴山東西百八十里在隴州汧源縣西伐木塞道謀欲殺歙歙得亡歸諸將與囂戰大敗各引退囂因使王元行巡侵三輔征西大將軍馮異征虜將軍祭遵等擊破之囂乃上疏謝曰吏人聞大兵卒至驚恐自救臣囂不能禁止兵有大利不敢廢臣子之節親自追還昔虞舜事父大杖則走小杖則受家語孔子謂曾子之詞也臣雖不敏敢忘斯義今臣之事在於本朝賜死則死加刑則刑如遂蒙恩更得洗心死骨不朽有司㠯囂言慢請誅其子恂帝不忍復使來歙至汧汧水名因以爲縣屬右扶風故城在今隴州汧源縣南賜囂書曰昔柴

將軍與韓信書柴將軍柴武也韓信韓王信也信反入匈奴與漢戰故武與之書也云陛下寬仁諸侯雖有亡
叛而後歸輒復位號不誅也吕囂文吏曉義理故復賜書深言則
似不遜略言則事不決今若束手復遣恂弟歸闕庭者則爵祿獲
全有浩大之福矣浩亦大也吾年垂四十在兵中十歲厭浮語虛辭卽不
欲勿報囂知帝審其詐遂遣使稱臣於公孫述明年述吕囂為朔
寍王欲其寍靜北邊也遣兵往來為之援埶秋囂將步騎三萬侵安定至陰
槃陰槃縣名屬安定郡今涇州縣馮異率諸將拒之囂又令別將下隴攻祭遵於汧兵
竝無利乃引還帝因令來歙吕書招王遵遵乃與家屬東詣京師
拜為大中大夫封向義侯續漢書云遵降封上雒侯遵字子春霸陵人也父為上
郡太守遵少豪俠有才辯雖與囂舉兵而常有歸漢意曾於天水
私於來歙曰吾所吕戮力不避矢石者豈要爵祿哉徒吕人思舊
主先君蒙漢厚恩思効萬分耳又數勸囂遣子入侍前後辭諫切

甚囂不從故去焉八年春來歙從山道襲得略陽城囂出不意懼更有大兵乃使王元拒隴坻行巡守番須口番須口與回中相近並在汧王孟塞雞頭道雞頭山道也雞或作笄一名崆峒山在今原州西牛邯軍瓦亭安定烏支縣有瓦亭故關有瓦亭川水在今原州南囂自悉其大衆圍來歙公孫述亦遣其將李育田弇助囂攻略陽連月不下帝乃率諸將西征之數道上隴使王遵持節監大司馬吳漢留屯於長安遵知囂必敗滅而與牛邯舊故知其有歸義意㠯書喻之曰遵與隗王歃血盟爲漢自經歷虎口踐履死地已十數矣于時周洛㠯西周洛謂東都也無所統壹故爲王策欲東收關中北取上郡進㠯奉天人之用退㠯徼外夷之亂數年之間冀聖漢復存當挈河隴奉舊都㠯歸本朝生民㠯來臣人之埶未有便於此時者也而王之將吏羣居穴處之徒穴處言所識不遠也人人抵掌說文抵側擊也戰國策曰蘇秦與李兌抵掌而談也欲爲不善之計遵與孺卿日夜所爭害幾及身者豈一事哉前計抑絕後策

不從所㠯吟嘯扼腕垂涕登車扼持也史記云天下之士莫不扼腕以言之幸蒙封拜得延論議遵爲太中大夫在論議之職每及西州之事未嘗敢忘孺卿之言今車駕大衆已在道路吳耿驍將雲集四境而孺卿㠯奔離之卒拒要阸當軍衝視其形埶何如哉夫智者覩危思變賢者泥而不滓在泥滓之中而不滓汚也是㠯功名終申策畫復得故夷吾束縛而相齊新序曰桓公與管仲鮑叔甯戚飲桓公謂鮑叔曰姑爲寡人祝乎鮑叔奉酒而起祝曰吾君無忘出莒也使管子無忘束縛從魯也使甯戚無忘其飯牛於車下也黥布杖劒㠯歸漢黥布爲楚淮南王高祖使隨何說布乃杖劒歸漢王也去愚就義功名竝著今孺卿當成敗之際遇嚴兵之鋒可爲怖慄宜斷之心胸參之有識邯得書沈吟十餘日乃謝士衆歸命洛陽拜爲太中大夫於是囂大將十三人屬縣十六衆十餘萬皆降

王元入蜀求救囂將妻子奔西城從楊廣西城縣名屬漢陽郡一名始昌城在今秦州上邽縣西南而田弇李育保上邽詔告囂曰若束手自詣父子相見保無佗也高皇帝云橫來大者王小者侯田橫爲齊王天下既定橫與賓客五百人居海島高祖使召之曰橫來大者王小者侯事見前書若遂

欲爲黥布者亦自任也必不歸降遂如黥布云欲爲帝亦任之也囂終不降於是誅其子恂使吳漢與征南大將軍岑彭圍西城耿弇與虎牙大將軍蓋延圍上邽車駕東歸潁川賊起故東歸月餘楊廣死囂窮困其大將王捷別在戎丘登城呼漢軍曰爲隗王城守者皆必死無二心願諸軍亟罷亟音紀力反請自殺以明之遂自刎頸死何休公羊傳云刎割也數月王元行巡周宗將蜀救兵五千餘人乘高卒至鼓譟大呼曰百萬之衆方至漢軍大驚未及成陳元等決圍殊死戰遂得入城迎囂歸冀會吳漢等食盡退去於是安定北地天水隴西復反爲囂九年春囂病且餓出城餐糗糒鄭康成注周禮曰糗熬大豆與米也說文曰糒乾飯也恚憤而死續漢志曰王莽末天水童謠曰出吳門望緹羣見一蹇人言欲上天令天可上地上安得人時囂初起兵於天水後意稍廣欲爲天子遂破滅囂少病蹇吳門冀郭門名也有緹羣山王元周宗立囂少子純爲王明年來歙耿弇蓋延等攻破落門落門聚名也有落門谷水在今秦州伏羌縣西周宗行巡苟宇趙恢等將純降宗恢及諸隗分徙京師以東純與巡宇徙弘農唯王

元留爲蜀將及輔威將軍臧宮破延岑元舉衆詣宮降元字惠孟初拜上蔡令遷東平相坐墾田不實下獄死決錄曰平陵之王惠孟鏘鏘激昂囂迹困於東平也牛邯字孺卿狄道人有勇力才氣雄於邊垂及降大司空司直杜林太中大夫馬援並薦之以爲護羌校尉與來歙平隴右十八年純與賓客數十騎亡入胡至武威捕得誅之

論曰隗囂援旗糾族援引也糾收也假制明神謂立高祖孝文等廟而祭之也迹夫創圖首事有以識其風矣終於孤立一隅介于大國東逼於漢南拒於蜀左傳曰介于二大國之間隴坻雖隘非有百二之埶百二者以秦地險固二萬人當諸侯百萬人前書曰田肯賀高祖秦得百二焉區區兩郡隴西天水也以禦堂堂之鋒言光武親征之也魏武兵書云無擊堂堂之陣至使窮廟策竭征傜身歿衆解然後定之則知其道有足懷者所以棲有四方之桀四方雄桀者多棲集而有之士至投死絶亢而不悔者矣亢喉嚨也謂王捷自刎也夫功全則譽顯業謝則釁生回成喪而爲其議者或未聞焉成喪猶成敗也言事之成敗在於天命不由人力能回爲此議者寡故未之聞也若督命會符運敵非

天力雖坐論西伯豈多嗤乎天力謂光武天所授也言不遇光武爲敵則不謝西伯也嗤笑也

公孫述字子陽扶風茂陵人也東觀記曰其先武帝時以吏二千石自無鹽徙焉哀帝時以父任爲郎任保任也東觀記曰成帝末述父仁爲侍御史任爲太子舍人稍增秩爲郎焉後父仁爲河南都尉秦置郡尉典兵禁捕盜賊景帝更名都尉秩比二千石也而述補清水長清水縣名屬天水郡今秦州縣仁以述年少遣門下掾隨之官州郡有掾皆自辟除之常居門下故以爲號月餘掾辭歸白仁曰述非待教者也後太守以其能使兼攝五縣政事修理姦盜不發郡中謂有鬼神言明察也王莽天鳳中爲導江卒正居臨邛王莽改蜀郡曰導江太守曰卒正臨邛今邛州縣也復有能名及更始立豪傑各起其縣以應漢南陽人宗成自稱虎牙將軍入略漢中又商人王岑亦起兵於雒縣商今商州商雒縣也雒縣屬廣漢郡今益州縣也自稱定漢將軍殺王莽庸部牧以應成王莽改益州爲庸部其牧宋遵也衆合數萬人述聞之遣使迎成等成等至成都虜掠暴橫述意惡之召縣中豪傑謂曰天下同苦新室思劉氏久矣故聞漢將軍到馳迎道路今百姓無辜而婦子係獲室

屋燒燔此寇賊非義兵也吾欲保郡自守㠯待眞主諸卿欲并力者卽留不欲者便去豪桀皆叩頭曰願効死述於是使人詐稱漢使者自東方來假述輔漢將軍蜀郡太守兼益州牧印綬乃選精兵千餘人西擊成等比至成都衆數千人遂攻成大破之成將垣副殺成㠯其衆降（風俗通曰垣秦邑也因以爲姓秦始皇有將垣齮東觀記曰初副以漢中亭長聚衆降成自稱輔漢將軍）二年秋更始遣柱功矦李寶益州刺史張忠將兵萬餘人徇蜀漢述恃其地險衆附有自立志乃使其弟恢（恢本或作悏）於綿竹擊寶忠大破走之（綿竹縣名屬廣漢郡今益州縣也故城今在縣東）由是威震益部功曹李熊說述曰方今四海波蕩匹夫橫議將軍割據千里地什湯武（枚乘諫吳王曰湯武之土不過百里）若奮威德㠯投天隙（天時之間隙也）霸王之業成矣宜改名號㠯鎭百姓述曰吾亦慮之公言起我意於是自立爲蜀王都成都蜀地肥饒兵力精强遠方士庶多往歸之邛笮君長（邛笮皆西南夷國名笮音昨見西南夷傳）皆來貢獻李熊復說述曰今

山東飢饉人庶相食兵所屠滅城邑丘墟蜀地沃野千里土壤膏腴（無塊曰壤）果實所生無穀而飽（左思蜀都賦曰戶有橘柚之園又曰瓜疇芋區前書卓王孫曰吾聞岷山之下沃野下有蹲鴟至死不飢）女工之業覆衣天下（左思蜀都賦曰百室離房機杼相和衣音於旣反）名材竹幹器械之饒不可勝用（竹幹竹箭也內盛曰器外盛曰械）又有魚鹽銅銀之利（丙穴出嘉魚在漢中蜀有鹽井又有銅陵山其朱提界出銀朱音上朱反提音上移反）浮水轉漕之便北據漢中杜褒斜之險東守巴郡拒扞關之口（史記曰楚肅王爲扞關以拒蜀故基在今硤州巴山縣）地方數千里戰士不下百萬見利則出兵而略地無利則堅守而力農東下漢水以窺秦地南順江流以震荊揚所謂用天因地成功之資今君王之聲聞於天下而名號未定志士狐疑宜卽大位使遠人有所依歸述曰帝王有命吾何足以當之熊曰天命無常百姓與能（詩曰天命靡常易曰百姓與能也）能者當之王何疑焉述夢有人語之曰八厶子系十二爲期（說文云厶音私系音係胡計反）覺謂其妻曰雖貴而祚短若何妻對曰朝聞道夕死尚可況十二乎會有龍出其府殿

中夜有光耀述以爲符瑞因刻其掌文曰公孫帝建武元年四月遂自立爲天子號成家（以起成都故號成家）色尚白建元曰龍興元年以李熊爲大司徒以其弟光爲大司馬恢爲大司空改益州爲司隸校尉蜀郡爲成都尹（漢以京師爲司隸校尉部置京兆尹中興以洛陽爲司隸校尉部置河南尹故述效焉）越巂任貴亦殺王莽大尹而據郡降述遂使將軍侯丹開白水關（在漢陽西縣梁州記曰關城西南有白水關也）北守南鄭（今梁州縣也故城在今縣東北也）將軍任滿從閬中下江州（閬中江州皆縣名並屬巴郡閬中今隆州縣也江州故城在渝州巴縣西）東據扞關於是盡有益州之地自更始敗後光武方事山東未遑西伐關中豪桀呂鮪等往往擁眾以萬數莫知所屬多往歸述（時延岑據藍田王歆據下邽各稱將軍擁兵事見馮異傳）皆拜爲將軍遂大作營壘陳車騎肄習戰射會聚兵甲數十萬人積糧漢中築宮南鄭又造十層赤樓帛蘭船（蓋以帛飾其蘭檻也）多刻天下牧守印章備置公卿百官使將軍李育程烏將數萬眾出陳倉與李鮪徇三輔三年征西將軍馮異擊鮪育於陳

倉大敗之鮪育奔漢中五年延岑田戎爲漢兵所敗皆亡入蜀岑字叔牙南陽人東觀記曰筑陽縣人始起據漢中又擁兵關西關西所在破散走至南陽略有數縣戎汝南人初起兵夷陵轉寇郡縣衆數萬人岑戎並與秦豐合豐俱以女妻之及豐敗故二人皆降於述述以岑爲大司馬封汝寧王戎翼江王六年述遣戎與將軍任滿出江關下臨沮夷陵間華陽國志曰巴楚相攻故置江關舊在赤甲城後移在江州南岸對白帝城故基在今夔州復縣南臨沮縣名屬南郡故城在今荊州當陽縣西北夷陵縣名屬南郡今硤州縣也故城在今縣西北招其故衆因欲取荊州諸郡竟不能克是時述廢銅錢置鐵官錢置鐵官以鑄錢百姓貨幣不行蜀中童謠言曰黃牛白腹五銖當復好事者竊言王莽稱黃述自號白五銖錢漢貨也言天下當并還劉氏述亦好爲符命鬼神瑞應之事妄引讖記以爲孔子作春秋爲赤制而斷十二公尚書考靈耀曰孔子爲赤制故作春秋赤者漢行也言孔子作春秋斷十二公象漢十二帝明漢至平帝十二代歷數盡也據漢十一帝言十二代者并數呂后一姓不得再受命又

引籙運法曰廢昌帝立公孫括地象曰帝軒轅受命公孫氏握籙運法括地象並河圖名也援神契曰西太守乙卯金謂西方太守而乙絕卯金也乙軋也述言西方太守能軋絕卯金也五德之運黃承赤而白繼黃金據西方爲白德而代王氏得其正序又自言手文有奇及得龍興之瑞數移書中國冀㠯感動眾心帝患之乃與述書曰圖讖言公孫卽宣帝也代漢者當塗高君豈高之身邪東觀記曰光武與述書曰承赤者黃也姓當塗其名高也乃復㠯掌文爲瑞王莽何足效乎王莽詐以鐵契石龜文圭玄印等爲符瑞言不足倣傚也君非吾賊臣亂子倉卒時人皆欲爲君事耳何足數也數責也君日月已逝妻子弱小當早爲定計可㠯無憂天下神器不可力爭老子云天下神器不可爲也宜留三思署曰公孫皇帝述不荅明年隗囂稱臣於述述騎都尉平陵人荊邯見東方漸平兵且西向說述曰兵者帝王之大器古今所不能廢也左傳宋子罕曰天生五材廢一不可誰能去兵聖人以興亂人以廢廢興存亡之術皆兵之由也昔秦失其守豪桀並起漢祖無前人之迹立錐

之地言漢祖起自布衣無公劉太王之業也枚乘諫吳王書曰舜無立錐之地以有天下起於行陣之中躬自奮擊兵破身困者數矣然軍敗復合創愈復戰軍敗謂戰於睢水上爲楚所破後得韓信軍復大振也創愈謂在於成皋間項王射傷漢王胸後復戰何則前死而成功踰於却就於滅亡也隗囂遭遇運會割有雍州兵強士附威加山東隴西天水皆雍州之地故言割有也囂傳云名震西州流聞山東是威加也遇更始政亂復失天下衆庶引領四方瓦解淮南子曰武王伐紂左操黃鉞右秉白旄而麾之則瓦解而走囂不及此時推危乘勝以爭天命而退欲爲西伯之事尊師章句賓友處士章句謂鄭興等也處士謂方望等也偃武息戈卑辭事漢喟然自以爲武王復出也令漢帝釋關隴之憂以囂居西無東之意故置之度外而不爲憂專精東伐四分天下而有其三使西州豪傑咸居心於山東發間使召攜貳間使謂來歙馬援等也攜貳謂王遵鄭興杜林牛邯等相次而歸光武則五分而有其四若舉兵天水必至沮潰天水既定則九分而有其八陛下以梁州之地內奉萬乘外給三軍百姓愁困不堪上命將有王氏自潰之變王氏即王莽也臣之愚計以爲宜及天下之望未絕豪傑

尚可招誘急以此時發國內精兵令田戎據江陵臨江南之會倚巫山之固（巫山在今夔州巫山縣東也）築壘堅守傳檄吳楚長沙以南必隨風而靡令延岑出漢中定三輔天水隴西拱手自服如此海內震搖冀有大利述以問羣臣博士吳柱曰昔武王伐殷先觀兵孟津八百諸侯不期同辭然猶還師以待天命未聞無左右之助而欲出師千里之外以廣封疆者也邯曰今東帝無尺土之柄驅烏合之衆（鄒陽云周用烏集而王）跨馬陷敵所向輒平不亟乘時與之分功（亟急也）而坐談武王之說是效隗囂欲爲西伯也述然邯言欲悉發北軍屯士及山東客兵使延岑田戎分出兩道與漢中諸將合兵并埶蜀人及其弟光以爲不宜空國千里之外決成敗於一舉固爭之述乃止延岑田戎亦數請兵立功終疑不聽述性苛細察於小事敢誅殺而不見大體好改易郡縣官名然少爲郎習漢家制度出入法駕（法駕屬車三十六乘）

公卿不在鹵簿中侍中驂乘奉車都尉御前驅九斿雲罕鳳皇闟戟皮軒鑾旗旄騎旄頭之騎也陳置陛戟然後輦出房闥又立其兩子為王食犍為廣漢各數縣羣臣多諫㠯為成敗未可知戎士暴露而遽王皇子示無大志傷戰士心述不聽唯公孫氏得任事由此大臣皆怨八年帝使諸將攻隗囂述遣李育將萬餘人救囂囂敗并沒其軍蜀地聞之恐動述懼欲安衆心成都郭外有秦時舊倉述改名白帝倉述以色尚白故改之自王莽㠯來常空述卽詐使人言白帝倉出穀如山陵百姓空市里往觀之述乃大會羣臣問曰白帝倉竟出穀乎皆對言無述曰訛言不可信道隗王破者復如此矣俄而囂將王元降述㠯為將軍明年使元與領軍環安拒河池河池今鳳州縣也又遣田戎及大司徒任滿南郡太守程汎將兵下江關破虜將軍馮駿等拔巫及夷陵夷道夷道縣名屬南郡故城在今硤州夷都縣西因據荊門荊門山名也在今硤州夷都縣西北今猶有故城基趾在山上十一年征南大將軍岑彭攻之滿等大敗述

將王政斬滿首降於彭田戎走保江州江州縣名屬巴郡故城今渝州巴縣城邑皆開門降彭遂長驅至武陽武陽縣名故城在今眉州帝乃與述書陳言禍福以明丹青之信楊雄法言曰王者之言炳若丹青述省書歎息以示所親太常常少光祿勳張隆隆少皆勸降述曰廢興命也豈有降天子哉左右莫敢復言中郎將來歙急攻王元環安安使刺客殺歙述復令刺殺岑彭十二年述弟恢及子壻史興並爲大司馬吳漢輔威將軍臧宮所破戰死自是將帥恐懼日夜離叛述雖誅滅其家猶不能禁帝必欲降之乃下詔喻述曰往年詔書比下比頻也開示恩信勿以來歙岑彭受害自疑今以時自詣則家族完全若迷惑不喻委肉虎口痛哉奈何將帥疲倦吏士思歸不樂久相屯守詔書手記不可數得朕不食言述終無降意九月吳漢又破斬其大司徒謝豐執金吾袁吉漢兵遂守成都述謂延岑曰事當奈何岑曰男兒當死中求生可坐窮乎

財物易聚耳不宜有愛述乃悉散金帛募敢死士五千餘人以配岑於市橋（市橋即七星之一橋也李膺益州記曰沖星橋舊市橋也在今成都縣西南四里）僞建旗幟（幟幡也幟音昌忌反又式志反）鳴鼓挑戰而潛遣奇兵出吳漢軍後襲擊破漢漢墮水緣馬尾得出十一月臧宮軍至咸門（成都北面有二門其西者名咸門）述視占書云虜死城下大喜謂漢等當之乃自將數萬人攻漢使延岑拒宮大戰岑三合三勝自旦及日中軍士不得食並疲漢因令壯士突之述兵大亂被刺洞胷墮馬（吳漢傳云護軍高午奔陣刺述殺之）左右輿入城述以兵屬延岑其夜死明旦岑降吳漢乃夷述妻子盡滅公孫氏并族延岑遂放兵大掠焚述宮室帝聞之怒以譴漢又讓漢副將劉尚曰城降三日吏人從服孩兒老母口以萬數一旦放兵縱火聞之可爲酸鼻尚宗室子孫嘗更吏職何忍行此仰視天俯視地觀放麑啜羹二者孰仁（韓子曰孟孫獵得麑使秦西巴持之其母隨而呼秦西巴不忍而與其母戰國策曰樂羊爲魏將而攻中山其子在中山中山君亨其子而遺之羹樂羊啜之盡一杯而攻拔中山）良失斬將弔

人之義也頁猶甚也初常少張隆勸述降不從並吕憂死帝下詔追贈少爲太常隆爲光祿勳吕禮改葬之其忠節志義之士並蒙旌顯謂李業譙玄等見獨行傳程烏李育吕有才幹皆擢用之於是西土咸悅莫不歸心焉

論曰昔趙佗自王番禺趙佗眞定人因漢初天下未定自立爲南越王番禺縣屬南海郡故城在今廣州西南越志曰有番山禺山因以爲名公孫亦竊帝蜀漢推其無他功能而至於後亡者將吕地邊處遠非王化之所先乎述雖爲漢吏無所馮資徒吕文俗自憙遂能集其志計道未足而意有餘不能因隙立功吕會時變方乃坐飾邊幅邊幅猶有邊緣以自矜持吕高深自安昔吳起所吕懟魏矦也史記曰魏武矦浮西河而下中流而顧曰美哉乎河山之固此魏之寶也吳起對曰在德不在險及其謝臣屬審廢興之命與夫泥首銜玉者異日談也干寶晉記曰吳王孫皓將其子瑾等泥首面縛降王濬左傳曰許男面縛銜璧以見楚子璧玉也

贊曰公孫習吏隗王得士漢命已還二隅方跱天數有違江山難

恃遵猶去也

隗囂公孫述列傳第三

金陵書局仿汲古閣本刊

後漢書十三

宗室四王三侯列傳第四　　後漢書十四

唐章懷太子賢注

齊武王縯字伯升縯引也音衍光武之長兄也性剛毅慷慨有大節自王莽篡漢常憤憤懷復社稷之慮不事家人居業傾身破產交結天下雄俊莽末盜賊羣起南方尤甚伯升召諸豪桀計議曰王莽暴虐百姓分崩今枯旱連年兵革竝起東觀記曰王莽末年天下大旱蝗蟲蔽天盜賊羣起四方潰畔此亦天亡之時復高祖之業定萬世之秋也眾皆然之於是分遣親客使鄧晨起新野光武與李通李軼起於宛伯升自發舂陵子弟合七八千人部署賓客自稱柱天都部柱天者若天之柱也都部者都統其眾也使宗室劉嘉往誘新市平林兵王匡陳牧等合軍而進屠長聚及唐子鄉殺湖陽尉進拔棘陽因欲攻宛至小長安與王莽前隊大夫甄阜屬正梁丘賜戰時天密霧漢軍大敗姊元弟仲皆遇害宗從死者數十人伯

升復收會兵眾還保棘陽阜賜乘勝留輜重於藍鄉比陽縣有藍鄉引精兵十萬南渡潢淯水酈元注水經曰豬水二湖流注合爲黃水又南經棘陽縣之黃淯聚又謂之黃淯水在今唐州湖陽縣蕭該音淯作諄者誤臨沘水阻兩川閒爲營絕後橋示無還心新市平林見漢兵數敗阜賜軍大至各欲解去伯升甚患之會下江兵五千餘人至宜秋宜秋聚名在沘陽縣乃往爲說合從之埶下江從之語在王常傳伯升於是大饗軍士設盟約休卒三日分爲六部潛師夜起襲取藍鄉盡獲其輜重明旦漢軍自西南攻甄阜下江兵自東南攻梁丘賜至食時賜陳潰阜軍望見散走漢兵急追之却迫潢淯水斬首溺死者二萬餘人遂斬阜賜王莽納言將軍嚴尤秩宗將軍陳茂聞阜賜軍敗引欲據宛伯升乃陳兵誓眾焚積聚破釜甑鼓行而前破釜甑示必死也鼓行而前言無所畏也史記曰項羽北救趙渡河沈船破釜甑與尤茂遇育陽下戰大破之斬首三千餘級尤茂弃軍走伯升遂進圍宛自號柱天大將軍王莽素聞其名大震懼

購伯升邑五萬戶，黃金十萬斤，位上公。使長安中官署及天下鄉亭皆畫伯升像於塾，旦起射之。蕭該音義亦作墊，引字林塾門側堂也。東觀記、續漢書並作埻。案說文云：射臬也。廣雅：埻，的也。埻音之允反。

自阜賜死後，百姓日有降者，衆至十餘萬。諸將會議立劉氏以從人望，豪桀咸歸於伯升；而新市、平林將帥樂放縱，憚伯升威明而貪聖公懦弱，先共定策立之，然後使騎召伯升，示其議。伯升曰：「諸將軍幸欲尊立宗室，其德甚厚，然愚鄙之見，竊有未同。今赤眉起青、徐，衆數十萬，聞南陽立宗室，恐赤眉復有所立，如此，必將內爭。今王莽未滅，而宗室相攻，是疑天下而自損權，非所以破莽也。且首兵唱號，鮮有能遂，陳勝、項籍，即其事也。舂陵去宛三百里耳，未足為功。遽自尊立，為天下準的，使後人得承吾敝，前書宋義曰：戰勝則兵疲，我承其敝。非計之善者也。今且稱王以號令。若赤眉所立者賢，相率而往從之；若無所立，破莽降赤眉，然後舉尊號，亦未晚也。願各詳思之。」諸將多曰善將軍張卬拔劒擊地曰疑事無功史記曰趙武靈王欲被胡服肥義曰疑事無功疑行無名今日之議不得有二衆皆從之聖公既即位拜伯升為大司徒封漢信侯由是豪桀失望多不服平林後部攻新野不能下新野宰登城言曰王莽改令長為宰東觀記曰其宰潘臨也得司徒劉公一信願先下及伯升軍至即開城門降五月伯升拔宛六月光武破王尋王邑自是兄弟威名益甚更始君臣不自安遂共謀誅伯升乃大會諸將以成其計更始取伯升寶劒視之繡衣御史申屠建隨獻王玦繡衣御史武帝置衣繡者尊寵之也玦決也令早決斷更始竟不能發及罷會伯升舅樊宏謂伯升曰昔鴻門之會范增舉玦以示項羽史記曰項王留沛公飲項伯東向坐范增南向坐沛公北向坐范增數目項王舉所佩玉玦者三項王默然不應鴻門地名在新豐東七十里今建此意得無不善乎伯升笑而不應初李軼諂事更始貴將貴將朱鮪等也光武深疑之常以戒伯升曰此人不可復信又不受伯升部將宗人劉稷數陷陳潰圍勇冠三軍時將兵擊魯陽魯陽縣屬南郡今汝州魯山縣也聞更

始立怒曰本起兵圖大事者伯升兄弟也今更始何爲者邪更始君臣聞而心忌之以稷爲抗威將軍稷不肯拜更始乃與諸將陳兵數千人先收稷將誅之伯升固爭李軼朱鮪因勸更始并執伯升即日害之有二子建武二年立長子章爲太原王興爲魯王十一年徙章爲齊王十五年追謚伯升爲齊武王章少孤光武感伯升功業不就撫育恩愛甚篤以其少貴欲令親吏事故使試守平陰令（試守者稱職滿歲爲眞平陰縣屬河南郡應劭云在平津南故曰平陰魏文帝改爲河陰故城在今洛陽縣東北濟州平陰縣東北五里亦有平陰故城）遷梁郡太守（今宋州也）立二十一年薨謚曰哀王子殤王石嗣（殤作煬）建武二十七年石始就國三十年封石弟張爲下博矦永平十四年封石二子爲鄉矦石立二十四年薨子晃嗣下博矦張以善論議十六年與奉車都尉竇固等（續漢志奉車都尉比二千石無員掌御乘輿車）竝出擊匈奴後進者多害其能數被譖訴建初中卒肅宗下詔褒揚之復封張子它人奉其祀晃及弟

利侯剛與母太姬宗更相誣告章和元年有司奏請免晃剛爵爲庶人徙丹陽（丹陽故郡城在今潤州江寧縣東南）帝不忍下詔曰朕聞人君正屏有所不聽（白虎通曰所以設屏何以自障也示不極臣下之敬也天子德大故外屏諸侯德小故內屏）宗尊爲小君（諸侯之妻稱爲小君）宮衞周備出有輜軿之飾（輜軿有擁蔽之車也列女傳曰齊孝公華孟姬謂公曰妾聞妃后踰閾必乘安車輜軿下堂必從傅母保阿進退則鳴玉佩內飾則結綢繆所以正心一意自斂制也）入有牖戶之固殆不至如譖者之言（何休注公羊傳曰如其事曰訴加誣言曰譖）晃剛愆乎至行濁乎大倫（濁猶汙也倫理也孔子曰欲潔其身而亂大倫）甫刑三千莫大不孝朕不忍置之于理其貶晃爵爲蕪湖侯（蕪湖解見章紀）削剛戶三千於戲小子不勗大道控于法理以隳宗緒（控引也隳毀也）其遣謁者收晃及太姬璽綬晃立十七年而降爵晃卒子無忌嗣帝以伯升首創大業而後嗣罪廢心常愍之時北海亦絕無後及崩遺詔令復二國永元二年乃復封無忌爲齊王是爲惠王立五十二年薨子頃王喜嗣立五年薨子承嗣建安十一年國除

論曰：大丈夫之鼓動拔起，其志致蓋遠矣。若夫齊武王之破家厚士，豈游俠下客之爲哉（下客謂毛遂、馮煖之徒也）！其慮將存乎配天之絕業，而痛明堂之不祀也（王者以遠祖配天，以父配上帝於明堂。將以存其絕業，復其祭祀）。及其發舉大謀，在倉卒擾攘之中，使信先成於敵人（新野宰潘臨云：請劉公一信而降），赦岑彭以顯義（初，彭守宛，食盡降漢。諸將欲誅之，伯升曰：今舉大事，當表義士，不如封之以勸其後。更始封彭爲歸德侯），若此足以見其度矣。志高慮遠，禍發所忽（謂不用樊宏、光武之言。忽，輕也。司馬相如曰：禍故多藏於隱微而發於人之所忽也）。嗚呼！古人以蜂蠆爲戒（蠆，蝎也。左傳臧文仲謂魯君曰：君其無謂邾小，蜂蠆有毒，而況國乎），蓋謂此也。詩云：敬之敬之，命不易哉（詩周頌也）！

北海靖王興，建武二年封爲魯王，嗣光武兄仲。初，南頓君娶同郡樊重女，字嫺都（嫺，胡閒反。說文：嫺，雅也）。嫺都性婉順，自爲童女，不正容服不出於房，宗族敬焉。生三男三女：長男伯升，次仲，次光武；長女黃，次元，次伯姬。皇妣以初起兵時病卒，宗人樊巨公收斂焉。建武二年，封黃爲湖陽長公主，伯姬爲寧平長公主。元與仲俱歿於小長安，追爵元爲新野長公主十五年追謚仲爲魯哀王興其歲試守緱氏令爲人有明略善聽訟甚得名稱遷弘農太守亦有善政續漢書曰弘農縣吏張申有伏罪興收中案論郡中震慄時年旱分遣文學循行屬縣理冤獄宥小過應時甘雨降澍視事四年上疏乞骸骨徵還京師奉朝請二十七年始就國明年以魯國益東海續漢書曰二郡二十九縣租入倍諸王也故徙興爲北海王三十年封興子復爲臨邑侯臨邑縣屬東海故城在今濟州東亦名馬坊城也中元二年又封興二子爲縣侯顯宗器重興每有異政輒乘驛問焉立三十九年薨子敬王睦嗣睦少好學博通書傳光武愛之數被延納顯宗之在東宮尤見幸待入侍諷誦出則執轡乘輿尊者居中執轡在左中興初禁網尚闊而睦性謙恭好士千里交結自名儒宿德莫不造門由是聲價益廣永平中法憲頗峻睦乃謝絕賓客放心音樂然性好讀書常爲愛翫歲終遣中大夫奉璧朝賀中大夫王國官也續漢志曰中大夫比六百石無員掌奉王使京都奉璧賀正月及使諸國本皆持節後去節爾雅曰肉倍好謂之璧好孔也召而謂之曰朝廷設問寡人朝廷謂天子也大夫將何辭以對使

者曰大王忠孝慈仁敬賢樂士臣雖螻蟻敢不以實睦曰吁子危我哉吁音于孔安國注尚書曰吁者疑怪之聲也此乃孤幼時進趣之行也東觀記續漢書並云是吾幼時狂惷之行也大夫其對以孤襲爵以來志意衰惰聲色是娛犬馬是好使者受命而行其能屈申若此初靖王薨悉推財產與諸弟雖王車服珍寶非列侯制皆以爲分然後隨以金帛贖之睦能屬文作春秋旨義終始論及賦頌數十篇又善史書當世以爲楷則及寢病帝驛馬令作草書尺牘十首說文云牘書版也蓋長一尺因取名焉立十年薨子哀王基嗣永平十八年封基二弟爲縣侯一弟爲鄉侯建初二年又封基弟毅爲平望侯基立十四年薨無子肅宗憐之不除其國永元二年和帝封睦庶子斟鄉侯威爲北海王奉睦後立七年威以非睦子又坐誹謗檻車徵詣廷尉道自殺永初元年鄧太后復封睦孫壽光侯普爲北海王是爲頃王延光二年復封睦少子爲亭侯普立七年薨

子恭王翼嗣立十四年薨子康王嗣無後建安十一年國除初臨邑侯復好學能文章永平中每有講學事輒令復典掌焉與班固賈逵共述漢史傳毅等皆宗事之復子騊駼及從兄平望侯毅並有才學永寧中鄧太后召毅及騊駼入東觀與謁者僕射劉珍與平望侯著中興以下名臣列士傳騊駼又自造賦頌書論凡四篇毅並在文苑傳

趙孝王良字次伯光武之叔父也平帝時舉孝廉爲蕭令光武兄弟少孤良撫循甚篤及光武起兵以事告良大怒東觀記曰光武初起兵良搏手大呼曰我欲詣納言嚴將軍叱上起去出閤令人視之還白方坐啗脯良復讙呼上言不可讙露明日欲去前白良曰欲竟何時詣嚴將軍所良意下曰我爲許汝耳當復何苦乎曰汝與伯升志操不同今家欲危亡而反共謀如是既而不得已從軍至小長安漢兵大敗良妻及二子皆被害續漢書曰皁陽移書於良曰老子不辛宗族單絝騎牛哭且行何足賴哉更始立以良爲國三老從入關更始敗良聞光武即位乃亡奔洛陽建武二年封良爲廣陽王五年徙爲趙王始就國十三年降爲趙公

頃歲來朝十七年薨于京師凡立十六年子節王栩嗣（栩音況羽反）建武三十年封栩三子爲鄉侯建初二年復封栩十子爲亭侯栩立四十年薨子頃王商嗣永元三年封商三弟爲亭侯元興元年封商四子爲亭侯商立二十三年薨子靖王宏立十二年薨子惠王乾嗣元初五年封乾二弟爲亭侯是歲趙相奏乾居父喪私娉小妻（小妻妾也）又白衣出司馬門坐削中丘縣（王宮門有兵衞亦爲司馬門東觀記曰乾私出國到魏郡鄴易陽止宿亭令奴金盜取亭席金與亭佐孟常爭言以刃傷常部吏追逐乾藏逃金絞殺之懸其屍道邊樹相國舉奏詔書削中丘縣屬趙國故城在今邢州內丘縣西隨室諱忠故改爲內焉）時郎中南陽程堅素有志行拜爲乾傅堅輔以禮義乾改悔前過堅列上復所削縣本初元年封乾一子爲亭侯乾立四十八年薨子懷王豫嗣豫薨子獻王赦嗣赦薨子珪嗣建安十八年徙封博陵王立九年魏初以爲崇德侯

城陽恭王祉字巨伯（東觀記初名終後改爲祉）光武族兄舂陵康侯敞之子也敞曾

祖父節侯買以長沙定王子封於零道之舂陵鄉爲舂陵侯買卒子戴侯熊渠嗣熊渠卒子考侯仁嗣仁以舂陵地埶下溼山林毒氣上書求減邑內徙（東觀記曰考侯仁於時見戶一百七十六上書願減戶徙南陽留子男昌守墳墓元帝許之）元帝初元四年徙封南陽之白水鄉猶以舂陵爲國名遂與從弟鉅鹿都尉回及宗族往家焉仁卒子敞嗣敞謙儉好義盡推父時金寶財產與昆弟荊州刺史上其義行拜盧江都尉（南陽郡是荊州所管故刺史上其行義也續漢書曰侯等助祭明堂以例益戶二百敞以有行義拜爲盧江都尉也）歲餘會族兄安衆侯劉崇起兵（安衆康侯丹長沙定王子崇卽丹之玄孫之子）王莽畏惡劉氏徵敞至長安免歸國（東觀記曰敞臨盧江歲餘遭旱行縣人持枯稻自言稻皆枯吏強責租敞應曰太守事也載枯稻至太守所酒數行以語太守太守曰無有敞以枯稻示之太守曰都尉事耶敞怒叱太守曰鼠何敢爾刺史舉奏莽徵到長安免就國）先是平帝時敞與崇俱朝京師助祭明堂（平帝時王莽輔政祫祭明堂諸侯王二十八人列侯伯二十八人宗室子九百餘人徵助祭也）崇見莽將危漢室私謂敞曰安漢公擅國權羣臣莫不回從（回曲）社稷傾覆至矣太后春秋高天子幼弱（謂元后平帝也）高皇帝所以分封子弟蓋爲此也敞心然

之及崇事敗敞懼欲結援樹黨乃爲祉娶高陵矦翟宣女爲妻宣丞相方進之子也龔父矦爵東觀記曰敞爲嫡子終娶宣子安習爲妻宣使嫡子姬送女入門二十餘日義起兵也會宣弟義起兵欲攻莽南陽捕殺宣女祉坐繫獄敞因上書謝罪願率子弟宗族爲士卒先莽新居攝欲慰安宗室故不被刑誅及莽篡立劉氏爲矦者皆降稱子食孤卿祿孤者特也卑於公尊於卿特置之故曰孤禮記上農夫食九人諸矦下上視上農夫中士倍下士上士倍中士下大夫倍上士卿四大夫祿也後皆奪爵及敞卒祉遂特見廢又不得官爲吏祉以故矦嫡子行湻厚宗室皆敬之及光武起兵祉兄弟相率從軍前隊大夫甄阜盡收其家屬繫宛獄及漢兵敗小長安祉挺身還保棘陽甄阜盡殺其母弟妻子更始立以祉爲太常將軍紹封舂陵矦從西入關封爲定陶王別將擊破劉嬰於臨涇及更始降於赤眉祉乃間行亡奔洛陽是時宗室唯祉先至光武見之歡甚東觀記曰祉以建武二年三月見于懷宮建武二年封爲城陽王賜乘輿御物車馬衣服追謚敞爲康侯十一年祉

疾病上城陽王璽綬願以列侯奉先人祭祀帝自臨其疾祉薨年四十三諡曰恭王竟不之國葬於洛陽北芒十三年封祉嫡子平爲蔡陽侯以奉祉祀平弟堅爲高鄉侯初建武二年以皇祖皇考墓爲昌陵置陵令守視後改爲章陵因以舂陵爲章陵縣十八年立考侯康侯廟北園陵置嗇夫嗇夫本鄉官主知賦役多少平其差品園陵置之知祭祀徵求諸事詔零陵郡奉祠節侯戴侯廟以四時及臘歲五祠焉臘歲終祭神之名也置嗇夫佐吏各一人平後坐與諸王交通國除永平五年顯宗更封平爲竟陵侯平卒子眞嗣眞卒子禹嗣禹卒子嘉嗣

泗水王歙字經孫歙音許及反光武族父也歙子終與光武少相親愛漢兵起始及唐子終誘殺湖陽尉更始立歙從入關封爲元氏王終爲侍中更始敗歙終東奔洛陽建武二年立歙爲泗水王終爲淄川王今淄州縣也十年歙薨封小子燀爲堂谿侯燀字林云灼也音充善反續漢志汝南吳房縣有堂谿亭燀或作煇

奉歙後終居喪思慕哭泣二十餘日亦薨封長子柱爲邔侯邔縣屬南郡故城在今襄州邔音其紀反以奉終祀又封終子鳳曲陽侯曲陽縣屬東海郡故城在今海州朐山縣西南歙從父弟茂年十八漢兵之起茂自號劉失職續漢志曰茂自號爲劉失職亦聚衆京密間京縣屬河南郡鄭之京邑故城在今鄭州滎陽縣東南密縣屬河南郡故城在今密縣東南稱厭新將軍攻下潁川汝南衆十餘萬人光武既至河內茂率衆降封爲中山王十二年宗室爲王者皆降爲侯更封茂爲穰侯茂弟匡亦與漢兵俱起建武二年封宜春侯爲人謙遜永平中爲宗正子浮嗣封朝陽侯朝陽縣屬南郡故城在今鄧州穰縣南今謂之朝城浮弟尚永平中爲征西將軍浮傳國至孫護無子封絕延光中護從兄瓌與安帝阿母王聖女伯榮私通遂娶伯榮爲妻得紹護封爲朝陽侯位侍中及王聖敗貶爵爲亭侯

安城孝侯賜字子琴光武族兄也祖父利蒼梧太守蒼梧郡今梧州縣也賜少孤兄顯報怨殺人吏捕顯殺之賜與顯子信賣田宅同抛普交反財產

結客報吏〔續漢書曰王莽時諸劉抑廢爲郡縣所侵蔡陽國釜亭侯長醉詢更始父子張子張怒刺殺亭長後十餘歲亭長子報殺更始弟蹇賜兄顯欲爲報怨賓客轉劫人發覺州郡殺顯獄中賜與顯子信結客陳政等九人燔燒殺亭長妻子四人〕皆亡命逃伏遭赦歸會伯升起兵乃隨從攻擊諸縣更始既立以賜爲光祿勳封廣漢侯及伯升被害代爲大司徒將兵討汝南未及平更始又以信爲奮威大將軍代賜擊汝南賜與更始俱到洛陽更始欲令親近大將徇河北未知所使賜言諸家子獨有文叔可用大司馬朱鮪等以爲不可更始狐疑賜深勸之乃拜光武行大司馬持節過河是日以賜爲丞相令先入關修宗廟宮室還迎更始都長安封賜爲宛王拜前大司馬使持節鎭撫關東二年春賜就國於宛典將六部兵〔伯升初起置六部之兵〕後赤眉破更始賜所領六部亦稍散畔乃去宛保育陽聞光武即位乃西之武關迎更始妻子將詣洛陽帝嘉賜忠建武二年封爲愼侯〔愼縣屬汝南郡故城在今潁州潁上縣西北〕十三年更增戶邑定封爲安成侯奉朝請以賜有

恩信故親厚之數蒙讌私時幸其弟恩賞特異賜輒賑與故舊無有遺積帝爲營冢堂起祠廟置吏卒如春陵孝侯二十八年卒子閔嗣三十年帝復封閔弟嵩爲白牛侯白牛蔡鄉亭之號也今在鄧州東也坐楚事謂楚王英謀反辭語相連國除閔卒子商嗣徙封爲白牛侯商卒子昌嗣初信爲更始討平汝南因封爲汝陰王汝陰屬汝南郡故城即今潁州汝陰縣也信遂將兵平定江南據豫章光武即位桂陽太守張隆擊破之信乃詣洛陽降以爲汝陰侯永平十三年亦坐楚事國除

成武孝侯順字平仲光武族兄也父慶續漢志慶字翁叔春陵侯敞同産弟順與光武同里閈閈里門也少相厚更始即位以慶爲燕王順爲虎牙將軍會更始降赤眉慶爲亂兵所殺順乃間行詣光武拜爲南陽太守建武二年封成武侯成武縣屬山陽郡今曹州縣也邑戸最大租入倍宗室諸家八年使擊破六安賊六安即廬州也因拜爲六安太守數年帝欲徵之吏人上

書請留十一年卒帝使使者迎喪親自臨弔子遵嗣坐與諸王交通降爲端氏侯（端氏縣屬河東郡故城在今澤州端氏縣西北）遵卒子彜嗣彜卒無嗣國除永平十年顯宗幸章陵追念舊恩封順弟子三人爲鄉侯初順叔父弘（東觀記曰弘字孺孫光起義兵卒）娶於樊氏皇妣之從妹也生二子敏國與母隨更始在長安建武二年詣洛陽光武封敏爲甘里侯（潁川潁上縣西北有甘城）國爲弋陽侯（弋陽縣屬汝南郡侯國也故城在今光州定城縣西也）敏通經有行永平初官至越騎校尉弘弟梁以俠氣聞（東觀記曰梁字季少）更始元年起兵豫章欲徇江東自號就漢大將軍暴病卒（東觀記曰病筋攣卒）

順陽懷侯嘉字孝孫光武族兄也父憲（續漢志曰憲字翁君）舂陵侯敞同産弟嘉少孤性仁厚南頓君養視如子後與伯升俱學長安習尚書春秋及義兵起嘉隨更始征伐漢軍之敗小長安也嘉妻子遇害更始卽位以爲偏將軍及攻破宛封興德侯遷大將軍擊延岑於冠

軍降之更始旣都長安以嘉爲漢中王扶威大將軍持節就國都於南鄭衆數十萬建武二年延岑復反攻漢中圍南鄭嘉兵敗走岑遂定漢中進兵武都爲更始柱功侯李寶所破岑走天水公孫述遣將侯丹取南鄭嘉收散卒得數萬人以寶爲相從武都南擊侯丹不利還軍河池下辨（河池縣屬武都郡一名仇池今鳳州縣也下辨縣名今城州同谷縣也）復與延岑連戰岑引北入散關（散關故城在今陳倉縣南十里有散谷水因取名焉）至陳倉嘉追擊破之更始鄧王廖湛將赤眉十八萬攻嘉嘉與戰於谷口（谷口縣故城今醴泉縣東北四十里酈元水經注曰涇水東經九嵕山東中山西謂之谷口）大破之嘉手殺湛遂到雲陽就穀李寶等聞鄧禹西征擁兵自守勸嘉且觀成敗光武聞之告禹曰孝孫素謹善少且親愛當是長安輕薄兒誤之耳禹卽宣帝旨嘉乃因來歙詣禹於雲陽三年到洛陽從征伐拜爲千乘太守六年病上書乞骸骨徵詣京師十三年封爲順陽侯秋復封嘉子廚爲黃李侯十五年嘉卒子

參嗣有罪削爲南鄉侯永平中參爲城門校尉參卒子循嗣循卒子章嗣

贊曰齊武沈雄義戈乘風以義舉兵乘風雲之會也倉卒罷圖亡我天工城陽早協趙孝晚同泗水三侯或恩或功

宗室四王三侯列傳第四　後漢書十四

李王鄧來列傳第五　後漢書十五

唐章懷太子賢注

李通字次元南陽宛人也世以貨殖著姓父守身長九尺容貌絕異爲人嚴毅居家如官廷 續漢書曰守居家與子孫尤謹閨門之內如官廷也 初事劉歆好星歷讖記爲王莽宗卿師 平帝五年王莽攝政郡國置宗師以主宗室蓋特尊之故曰宗卿師也 通亦爲五威將軍從事出補巫丞有能名 王莽置五威將軍從事謂驅使小官也前書秦御史監郡與蕭何從事辨之巫縣屬南郡故城在今夔州巫山縣北也 莽末百姓愁怨通素聞守說讖云劉氏復興李氏爲輔私常懷之且居家富逸爲閭里雄以此不樂爲吏乃自免歸及下江新市兵起南陽騷動 騷亦動也 通從弟軼亦素好事乃共計議曰今四方擾亂新室且亡漢當更興南陽宗室獨劉伯升兄弟汎愛容衆可與謀大事通笑曰吾意也會光武避事在宛通聞之卽遣軼往迎光武 續漢書曰先是李通同母弟申徒臣能爲醫難使伯升殺之上恐其怨不欲與軼相見軼數請上乃强見之軼深達通意上乃許往意不安買半臿佩刀懷之至通舍通甚悅握上手得半臿刀謂上曰一何武也上曰

倉卒時以備不虞耳光武初以通士君子相慕也故往荅之及相見共語移日握手極歡通因具言讖文事光武初殊不意未敢當之時守在長安光武乃微觀通曰卽如此當如宗卿師何通曰已自有度矣度計度也音大各反因復備言其計光武既深知通意乃遂相約結定謀議期以材官都試騎士日漢法以立秋日都試騎士謂課殿最也翟義誅王莽以九月都試日勒車騎材官士是也欲劫前隊大夫及屬正前隊大夫謂南陽太守甄阜也屬正謂梁丘賜也因以號令大衆乃使光武與軼歸舂陵舉兵以相應遣從兄子季之長安以事報守季於道病死守密知之欲亡歸素與邑人黃顯相善時顯爲中郎將聞之謂守曰今關門禁嚴君狀貌非凡將以此安之不如詣闕自歸事既未然脫可免禍守從其計卽上書歸死章未及報留闕下會事發覺通得亡走莽聞之乃繫守於獄而黃顯爲請曰守聞子無狀無狀謂禍大不可名言其狀也不敢逃亡守義自信歸命宮闕臣顯願質守俱東曉說其子如遂悖逆

令守北向列首㠯謝大恩莽然其言會前隊復上通起兵之狀莽怒欲殺守顯爭之遂并被誅及守家在長安者盡殺之南陽亦誅通兄弟門宗六十四人皆焚屍宛市時漢兵亦已大合通與光武李軼相遇棘陽遂共破前隊殺甄阜梁丘賜更始立㠯通爲柱國大將軍輔漢侯從至長安更拜爲大將軍封西平王軼爲舞陰王通從弟松爲丞相更始使通持節還鎭荊州通因娶光武女弟伯姬是爲寍平公主（寍平縣屬淮陽國也）光武即位徵通爲衞尉建武二年封固始侯拜大司農帝每征討四方常令通居守京師鎭撫百姓修宮室起學官五年春代王梁爲前將軍六年夏領破姦將軍侯進捕虜將軍王霸等十營擊漢中賊（賊謂延岑也）公孫述遣兵赴救通等與戰於西城破之（西城縣屬漢中郡也）還屯田順陽（順陽縣名屬南郡哀帝改爲博山故城在今鄧州穰縣西）時天下略定通思欲避榮寵㠯病上書乞身詔下公卿羣臣議大司徒侯霸等

曰王莽篡漢傾亂天下通懷伊呂蕭曹之謀建造大策扶助神靈輔成聖德破家爲國忘身奉主有扶危存亡之義功德最高海內所聞通㠯天下平定謙讓辭位夫安不忘危宜令通居職療疾欲就諸侯不可聽於是詔通勉致醫藥㠯時視事其夏引拜爲大司空通布衣唱義助成大業重㠯寧平公主故特見親重然性謙恭常欲避權埶素有消疾消消中之病也周禮天官職曰春有痟首疾鄭玄注云痟酸削也自爲宰相謝病不視事連年乞骸骨帝每優寵之令㠯公位歸第養疾通復固辭積二歲乃聽上大司空印綬㠯特進奉朝請有司奏請封諸皇子帝感通首創大謀卽日封通少子雄爲召陵侯每幸南陽常遣使者㠯太牢祠通父冢十八年卒謚曰恭侯帝及皇后親臨弔送葬子音嗣音卒子定嗣定卒子黃嗣黃卒子壽嗣東觀記曰黃字作箕也李軼後爲朱鮪所殺更始之敗李松戰死唯通能㠯功名終永平中顯宗幸宛

詔諸李隨安衆宗室會見安衆縣屬南陽郡故城在鄧州東謝承書曰安衆侯劉崇長沙定王五代孫南陽宗室也與宗人討莽有功隨光武河北破王郎朝廷高其忠壯策文嗟歎以厲宗室安衆諸劉皆其後並受賞賜恩寵篤焉

論曰子曰富與貴是人之所欲不以其道得之不處也李通豈知夫所欲而未識以道者乎夫天道性命聖人難言之況乃億測微隱猖狂無妄之福微隱謂讖文也莊子曰猖狂妄行易无妄卦曰无妄之往何之矣鄭玄注云妄之言望人所望宜正行必有所望行而无所望是失其正何可往也卽史記朱英曰代有無望之福又有無望之禍是也汙滅親宗以歟一切之功哉停水曰汙言族滅而汙池之也歟望也音巨瑞反一切謂權時也昔蒙穀負書不徇楚難戰國策曰吳楚戰於柏舉吳師入郢蒙穀奔入宮負離次之典浮江逃於雲夢之中後昭王反郢五官失法百姓昏亂蒙穀獻典五官得法百姓大化校蒙穀之功與存國相若封之執圭蒙穀怒曰穀非人臣也社稷之臣也苟社稷血食余豈患無君乎遂弃於歷山也卽墨用齊義雪燕恥史記曰燕昭王伐齊湣王敗出亡燕人入臨菑盡取齊寶燒其宮室宗廟下齊七十餘城其不下者唯獨莒卽墨後齊田單以卽墨擊破燕軍悉復所亡城故曰雪也彼之取舍所立其殆與通異乎

王常字顏卿潁川舞陽人也東觀記曰其先鄠人常父博成哀間轉客潁川舞陽因家焉王莽末爲弟報仇亡命江夏命者名也言背其名籍而逃亡也久之與王鳳王匡等起兵雲杜綠林中

聚衆數萬人㠯常爲偏裨攻傍縣後與成丹張卬別入南郡藍口號下江兵（續漢志曰南郡編縣有藍口聚）王莽遣嚴尤陳茂擊破之常與丹卬收散卒入蔞谿（蔞音力于反）劫略鍾龍閒（盛弘之荆州記曰永陽縣北有石龍山在今安州應山縣東北又隨州隨縣東北有三鍾山也）衆復振引軍與荆州牧戰於上唐大破之（上唐鄉名故城在今隨州棗陽縣東北也）遂北至宜秋（續漢志曰南郡有宜秋聚也）是時漢兵與新市平林衆俱敗於小長安各欲解去伯升聞下江軍在宜秋卽與光武及李通俱造常壁曰願見下江一賢將議大事成丹張卬共推遣常伯升見常說㠯合從之利（以利合曰從也）常大悟曰王莽篡弑殘虐天下百姓思漢故豪桀竝起今劉氏復興卽眞主也誠思出身爲用輔成大功伯升曰如事成豈敢獨饗之哉遂與常深相結而去常還具爲丹卬言之丹卬負其衆皆曰大丈夫旣起當各自爲主何故受人制乎常心獨歸漢乃稍曉說其將帥曰往日成哀衰微無嗣故王莽得承閒篡位旣有天下而政令

苛酷積失百姓之心民之謳吟思漢非一日也故使吾屬因此得起夫民所怨者天所去也民所思者天所與也舉大事必當下順民心上合天意功乃可成若負强恃勇觸情恣欲雖得天下必復失之㠯秦項之埶尚至夷覆況今布衣相聚草澤㠯此行之滅亡之道也今南陽諸劉舉宗起兵觀其來議事者皆有深計大慮王公之才與之并合必成大功此所㠯祐吾屬也下江諸將雖屈强少識然素敬常乃皆謝曰無王將軍吾屬幾陷於不義願敬受教卽引兵與漢軍及新市平林合於是諸部齊心同力銳氣益壯遂俱進破殺甄阜梁丘賜及諸將議立宗室唯常與南陽士大夫同意欲立伯升而朱鮪張卬等不聽及更始立㠯常爲廷尉大將軍封知命侯別徇汝南沛郡還入昆陽與光武共擊破王尋王邑更始西都長安㠯常行南陽太守事令專命誅賞東觀記曰誅不從命封拜有功封爲鄧

王食八縣賜姓劉氏常性恭儉遵法度南方稱之更始敗建武二年夏常將妻子詣洛陽肉袒自歸光武見常甚歡勞之曰王廷尉良苦良甚也言苦軍事也每念往時共更艱戹何日忘之更經也艱戹謂帝敗小長安造常壁與常共破甄阜及王尋等也莫往莫來豈違平生之言乎平生言謂常云劉氏眞主也誠思出身爲用輔成大功常乃久事更始不早歸朝帝微以責之故下文云吾與廷尉戲耳詩衞風曰莫往莫來悠悠我思常頓首謝曰臣蒙大命得以鞭策託身陛下策馬檛也言執策以從之始遇宜秋後會昆陽幸賴靈武輒成斷金伯升與常深相結故曰斷金易繫辭曰二人同心其利斷金更始不量愚臣任以南州謂以廷尉行南陽太守赤眉之難喪心失望謂赤眉入長安破更始以爲天下復失綱紀聞陛下卽位河北心開目明今得見闕庭死無遺恨帝笑曰吾與廷尉戲耳吾見廷尉不憂南方矣謂南陽也乃召公卿將軍以下大會具爲羣臣言常以匹夫興義兵明于知天命故更始封爲知命侯與吾相遇兵中尤相厚善特加賞賜拜爲左曹前書曰左右曹平尚書事封山桑侯山桑縣屬沛郡今亳州縣後帝於大會中指常謂羣臣曰此家率

下江諸將輔翼漢室心如金石眞忠臣也是日遷常爲漢忠將軍遣南擊鄧奉董訢令諸將皆屬焉又詔常北擊河閒漁陽平諸屯聚五年秋攻拔湖陵又與帝會任城因從破蘇茂龐萌進攻下邳常部當城門戰一日數合賊反走入城常追迫之城上射矢雨下帝從百餘騎自城南高處望常戰力甚馳遣中黃門詔使引還賊遂降又別率騎都尉王霸共平沛郡賊（東觀記曰沛郡賊苗虛也）六年春徵還洛陽令夫人迎常於舞陽歸家上冢西屯長安拒隗囂七年使使者持璽書即拜常爲橫野大將軍位次與諸將絕席（絕席謂尊顯之也漢官儀曰御史大夫尚書令司隸校尉皆專席號三獨坐）常別擊破隗囂將高峻於朝那（朝那縣屬安定郡也）囂遣將過烏氏常要擊破之轉降保塞羌諸營壁皆平之九年擊內黃賊破降之後北屯故安拒盧芳（故安縣屬涿郡故城在今易州易縣南也）十二年薨于屯所謚曰節侯子廣嗣三十年徙封石城侯（石城故城在今復州沔陽縣東南也）永平十四年坐與楚事相連

國除

鄧晨字偉卿南陽新野人也世吏二千石東觀記曰晨曾祖父隆揚州刺史祖父勳交阯刺史父宏豫章都尉晨初娶光武姊元王莽末光武嘗與兄伯升及晨俱之宛與穰人蔡少公等讌語少公頗學圖讖言劉秀當爲天子或曰是國師公劉秀乎光武戲曰何用知非僕邪坐者皆大笑晨心獨喜東觀記曰晨與上共載出逢使者不下車使者怒頗加恥辱上稱江夏卒史晨更名侯家丞使者以其詐將至亭欲罪之新野宰潘叔爲請得免及光武與家屬避吏新野舍晨廬甚相親愛晨因謂光武曰王莽悖暴盛夏斬人此天亡之時也王莽地皇元年下書曰方出軍行師有趍讙犯者斬無須時於是春夏斬人都市百姓震懼也往時會宛獨當應邪光武笑不答及漢兵起晨將賓客會棘陽漢兵敗小長安諸將多亡家屬光武單馬遁走遇女弟伯姬與共騎而奔前行復見元趣令上馬元以手撝曰行矣不能相救無爲兩沒也會追兵至元及三女皆遇害漢兵退保棘陽而新野宰乃汙晨宅焚其冢墓

宗族皆恚怒曰家自富足何故隨婦家人入湯鑊中晨終無恨色更始立以晨爲偏將軍與光武略地潁川俱夜出昆陽城擊破王尋王邑又別徇陽翟以東至京密皆下之（京密二縣名屬河南郡京故城在今鄭州滎陽東鄭之京邑也密故城在滎陽東南也）更始北都洛陽以晨爲常山太守會王郎反光武自薊走信都晨亦間行會於鉅鹿下自請從擊邯鄲光武曰偉卿以一身從我不如以一郡爲我北道主人乃遣晨歸郡光武追銅馬高胡羣賊於冀州晨發積射士千人（積與迹同古字通用謂尋迹而射之）又遣委輸給軍不絕光武即位封晨房子侯（房子今趙州縣也）帝又感悼姊沒於亂兵追封謚元爲新野節義長公主立廟于縣西封晨長子汎爲吳房侯（吳房今豫州縣也）以奉公主之祀建武三年徵晨還京師數讌見說故舊平生爲歡晨從容謂帝曰僕竟辯之（光武前語晨曰何用知非僕乎故晨有此言也）帝大笑從幸章陵拜光祿大夫使持節監執金吾賈復等擊平邵陵新息賊（新息今豫州縣也）四年從

幸壽春晉鎮九江晨好樂郡職由是復拜為中山太守吏民稱之常為冀州高第中山屬冀州於冀州所部郡課常為第一也十三年更封南䜌侯䜌音力全反入奉朝請復為汝南太守十八年行幸章陵徵晨行廷尉事從至新野置酒酣讌賞賜數百千萬復遣歸郡晨興鴻郤陂數千頃田鴻郤陂名在今豫州汝陽縣東成帝時關東水陂溢為害翟方進為丞相奏罷之汝土以殷魚稻之饒流衍它郡衍饒也明年定封西華侯復徵奉朝請二十五年卒詔遣中謁者備公主官屬禮儀漢官儀曰長公主官屬傅一人員吏五人騶僕射五人私府長食官長丞巷令家令各一人也招迎新野主魂與晨合葬於北芒乘輿與中宮親臨喪送葬謚曰惠侯小子棠嗣後徙封武當侯棠卒子固嗣固卒子國嗣國卒子福嗣永建元年卒無子國除

來歙字君叔歙音許及反南陽新野人也六世祖漢有才力武帝世以光祿大夫副樓船將軍楊僕擊破南越朝鮮父仲東觀記仲作冲哀帝時為諫大夫娶光武祖姑生歙光武甚親敬之數共往來長安漢兵起王

莽以歆劉氏外屬乃收繫之賓客共篡奪得免更始即位以歆爲
吏從入關數言事不用以病去歆女弟爲漢中王劉嘉妻嘉遣人
迎歆因南之漢中更始敗歆勸嘉歸光武遂與嘉俱東詣洛陽帝
見歆大歡即解衣以衣之東觀記曰解衣被襦以衣歆也拜爲太中大夫是時方以
隴蜀爲憂獨謂歆曰今西州未附西州謂隗囂也子陽稱帝道里阻遠諸將
方務關東思西州方略未知所任其謀若何歆因自請曰臣嘗與
隗囂相遇長安其人始起以漢爲名今陛下聖德隆興臣願得奉
威命開以丹青之信楊子法言曰聖人之言明若丹青也囂必束手自歸則述自亡之埶
不足圖也帝然之建武三年歆始使隗囂五年復持節送馬援因
奉璽書於囂既還復往說囂囂遂遣子恂隨歆入質拜歆爲中郎
將時山東略定帝謀西收囂兵與俱伐蜀復使歆喻旨囂將王元
說囂多設疑故久冘豫不決冘豫不定之意也說文曰冘冘行貌也音淫東觀記曰狐疑不決也歆素剛毅遂

後漢十五

發憤質責囂曰質正也國家㠯君知臧否曉廢興故㠯手書暢意足下推忠誠遣伯春委質囂子恂字伯春是臣主之交信也今反欲用佞惑之言爲族滅之計叛主負子違背忠信乎吉凶之決在於今日欲前刺囂囂起入部勒兵將殺歙歙徐杖節就車而去囂愈怒王元勸囂殺歙使牛邯將兵圍守之囂將王遵諫曰愚聞爲國者愼器與名爲家者畏怨重禍器車服也名爵號也言名與器不可妄授也俱愼名器則下服其命輕用怨禍則家受其殃今將軍遣子質漢內懷它志名器逆矣外人有議欲謀漢使輕怨禍矣古者列國兵交使在其間左傳曰晉欒書伐鄭鄭人使伯蠲行成晉人殺之非禮也兵交使在其間可也所㠯重兵貴和而不任戰也何況承王命籍重職而犯之哉君叔雖單車遠使而陛下之外兄也光武之姑子故曰外兄也害之無損於漢而隨㠯族滅昔宋執楚使遂有析骸易子之禍左傳曰楚使申舟聘齊不假道於宋華元曰楚不假道鄙我也乃殺之楚子聞之遂圍宋宋人懼使華元夜入楚師告子反曰寡君使元以病告弊邑易子而食析骸以爨也小國猶不可辱況於萬乘之

主重吕伯春之命哉歙爲人有信義言行不違及往來游說皆可案覆西州士大夫皆信重之多爲其言故得免而東歸八年春歙與征虜將軍祭遵襲略陽遵道病還分精兵隨歙合二千餘人伐山開道從番須回中番須回中竝地名番音盤武帝元封四年幸雍通回中道前書音義曰回中在汧汧今隴州汧源縣也徑至略陽徑直也斬囂守將金梁因保其城囂大驚曰何其神也東觀記曰上聞得略陽甚悅左右怪上數破大敵今得小城何足以喜然上以略陽囂所依阻心腹已壞則制其支體也乃悉兵數萬人圍略陽斬山築堤激水灌城歙與將士固死堅守矢盡乃發屋斷木以爲兵囂盡鋭攻之自春至秋其士卒疲弊帝乃大發關東兵自將上隴囂衆潰走圍解於是置酒高會勞賜歙班坐絕席在諸將之右賜歙妻縑千匹詔使留屯長安悉監護諸將歙因上書曰公孫述以隴西天水爲藩蔽故得延命假息今二郡平蕩則述智計窮矣宜益選兵馬儲積資糧昔趙之將帥多賈人高帝懸之以重賞高帝十年陳豨反於趙代其將多賈人帝多以

金購揣將皆降今西州新破兵人疲饉若招以財穀則其衆可集臣知國家所給非一用度不足然有不得已也帝然之於是大轉糧運東觀記曰詔於汧積穀六萬斛驢四百頭負馱詔歙率征西大將軍馮異建威大將軍耿弇虎牙大將軍蓋延揚武將軍馬成武威將軍劉尚入天水擊破公孫述將田弇趙匡明年攻拔落門聚名也解見光武紀隗囂支黨周宗趙恢及天水屬縣皆降初王莽世羌虜多背叛而隗囂招懷其酋豪遂得爲用及囂亡後五谿先零諸種數爲寇掠皆營塹自守州郡不能討歙乃大修攻具率蓋延劉尚及太中大夫馬援等進擊羌於金城大破之斬首虜數千人獲牛羊萬餘頭穀數十萬斛又擊破襄武賊傅栗卿等襄武縣屬隴西郡也隴西雖平而人飢流者相望流謂流離以就食也歙乃傾倉廩轉運諸縣以賑贍之於是隴右遂安而涼州流通焉十一年歙與蓋延馬成進攻公孫述將王元環安於河池下辯陷之乘勝遂進蜀

入大懼使刺客刺歙未殊馳召蓋延延見歙因伏悲哀不能仰視歙叱延曰虎牙何敢然今使者中刺客無以報國故呼巨卿欲相屬以軍事而反效兒女子涕泣乎刃雖在身不能勒兵斬公邪延收淚強起受所誡歙自書表曰臣夜人定後為何人所賊傷中臣要害臣不敢自惜誠恨奉職不稱以為朝廷羞夫理國以得賢為本太中大夫段襄骨鯁可任（骨鯁喻正直也說文曰鯁魚骨也食骨留咽中為鯁）願陛下裁察又臣兄弟不肖（肖似也不似猶不賢也）終恐被罪陛下哀憐數賜教督投筆抽刃而絕

帝聞大驚省書覽涕乃賜策曰中郎將來歙攻戰連年平定隴羌憂國忘家忠孝彰著遭命遇害嗚呼哀哉使太中大夫贈歙中郎將征羌侯印綬謚曰節侯謁者護喪事喪還洛陽乘輿縞素臨弔送葬以歙有平羌隴之功故改汝南之當鄉縣為征羌國焉（征羌故城在今豫州郾城縣東南也）子襃嗣十三年帝嘉歙忠節復封歙弟由為宜西侯（東觀記曰宜西

鄕侯襃子棱尚顯宗女武安公主棱早歿襃卒㠯棱子歷爲嗣

論曰世稱來君叔天下信士夫專使乎二國之間豈猒詐謀哉而能獨㠯信稱者良其誠心在乎使兩義俱安而己不私其功也

歷字伯珍少襲爵㠯公主子永元中爲侍中監羽林右騎羽林騎武帝置宣帝令中郎將騎都尉監羽林見前書永初三年遷射聲校尉永寧元年代馮石爲執金吾延光元年尊歷母爲長公主二年遷歷太僕明年中常侍樊豐與大將軍耿寶侍中周廣謝惲等共讒陷太尉楊震震遂自殺歷謂侍御史虞詡曰耿寶託元舅之親寶女弟爲淸河王慶姬卽安帝嫡母也故寶於帝爲元舅焉榮寵過厚不念報國恩而傾側姦臣誣奏楊公傷害忠良其天禍亦將至矣遂絕周廣謝惲不與交通時皇太子驚病不安避幸安帝乳母野王君王聖舍太子乳母王男廚監邴吉等㠯爲聖舍新繕修犯土禁不可久御聖及其女永與大長秋江京及中常侍樊豐王男邴吉

等互相是非聖永遂誣譖男吉皆幽囚死家屬徙比景太子思男等數爲歎息京豐懼有後害妄造虛無構讒太子及東宮官屬帝怒召公卿㠯下會議廢立耿寶等承旨皆㠯爲太子當廢歷與太常桓焉廷尉張晧議曰經說年未滿十五過惡不在其身且男吉之謀皇太子容有不知宜選忠良保傅輔㠯禮義廢置事重此誠聖恩所宜宿畱帝不從（宿畱猶停畱也宿畱音秀溜）是日遂廢太子爲濟陰王時監太子家小黃門籍建中傅高梵等（梵音扶汎反）皆㠯無罪徙朔方歷乃要結光祿勳祋諷（祋音丁外反）宗正劉瑋將作大匠辥皓侍中閭丘弘陳光趙代施延太中大夫朱倀（倀音丑羊反）第五頡（頡音下結反）中散大夫曹成諫議大夫李尤符節令張敬（續漢書曰符節令秩百石）持書侍御史龔調（續漢志曰持書侍御史秩六百石也）羽林右監孔顯（漢官儀羽林左右監屬光祿也）城門司馬徐崇衛尉守丞樂闓（守丞兼守之丞也）長樂未央廄令鄭安世等十餘人（續漢志曰未央廄令一人長樂廄令一人主乘輿馬也）俱詣鴻都門證

太子無過，襲調據法律明之，曰爲男吉犯罪，皇太子不當坐。帝與左右患之，乃使中常侍奉詔脅羣臣曰：父子一體，天性自然，曰義割恩，爲天下也。歷諷等不識大典，而與羣小共爲讙譁，外見忠直而內希後福，飾邪違義，豈事君之禮？朝廷廣開言事之路，故且一切假貸，若懷迷不反，當顯明刑書。諫者莫不失色。辟皓先頓首曰：固宜如明詔。歷怫然（字林曰怫鬱也。怫音扶勿反），廷詰皓曰：屬通諫何言，而今復背之（屬，近也。通猶共也。近言共諫，何乃相背也）？大臣乘朝車處國事，固復輾轉若此乎（周禮曰卿乘夏縵，大夫乘墨車。輾轉，不定也。詩曰展轉反側）！乃各稍自引起。歷獨守闕，連日不肯去。帝大怒，乃免歷兄弟官，削國租，黜公主不得會見。歷遂杜門不與親戚通，時人爲之震慄。及帝崩，閻太后起歷爲將作大匠。順帝即位，朝廷咸稱社稷臣，於是遷爲衞尉。祋諷、劉瑋、閭丘弘等先卒，皆拜其子爲郎。朱倀（倀音丑良反）、施延、陳光、趙代等並爲公卿任職，徵王男、邴吉家屬還京師厚加賞賜籍建高梵等悉蒙顯擢永建元年拜歷車騎將軍弟祉爲步兵校尉超爲黃門侍郎三年母長公主薨歷稱病歸弟服闋復爲大鴻臚陽嘉二年卒官子定嗣定尚安帝妹平氏長公主順帝時爲虎賁中郎將定卒子虎嗣桓帝時爲屯騎校尉弟豔字季德少好學下士開館養徒少歷顯位靈帝時再遷司空

贊曰李鄧豪贍舍家從讖鄧晨代以吏二千石爲豪李通家富爲贍也少公雖孚宗卿未驗孚信也言蔡少公論讖其事雖信而李守被誅是未驗也王常知命功惟帝念王常更始中爲知命侯後歸朝上錄其功封爲列侯故曰帝念款款君叔斯言無玷玷缺也方獻三捷永墜一劍小雅采薇詩曰豈敢定居一月三捷

李王鄧來列傳第五

金陵書局仿汲古閣本刊

後漢書十五

鄧寇列傳第六 鄧禹子訓孫騭 寇恂曾孫榮　後漢書十六

唐章懷太子賢注

鄧禹字仲華南陽新野人也年十三能誦詩受業長安時光武亦游學京師禹年雖幼而見光武知非常人遂相親附數年歸家及漢兵起更始立豪桀多薦舉禹禹不肯從及聞光武安集河北卽杖策北渡追及於鄴光武見之甚歡謂曰我得專封拜生遠來寧欲仕乎禹曰不願也光武曰卽如是何欲爲禹曰但願明公威德加於四海禹得效其尺寸垂功名於竹帛耳光武笑因留宿間語間私也禹進說曰更始雖都關西今山東未安赤眉青犢之屬動以萬數三輔假號往往羣聚更始旣未有所挫而不自聽斷諸將皆庸人屈起屈音求勿反志在財幣爭用威力朝夕自快而已非有忠良明智深慮遠圖欲尊主安民者也四方分崩離析論語曰邦分崩離析形埶可見明

公雖建藩輔之功猶恐無所成立於今之計莫如延攬英雄務悅民心立高祖之業救萬民之命以公而慮天下不足定也光武大悅因令左右號禹曰鄧將軍常宿止於中與定計議及王郎起兵光武自薊至信都使禹發奔命得數千人令自將之別攻拔樂陽樂陽縣名屬常山郡從至廣阿東觀記曰上率禹等擊王郎橫野將軍劉發大破之上過禹營禹進炙魚上餐啗勞勉吏士威嚴甚厲衆皆竊言劉公眞天人也光武舍城樓上披輿地圖指示禹曰天下郡國如是今始乃得其一子前言以吾慮天下不足定何也禹曰方今海內殽亂人思明君猶赤子之慕慈母古之興者在德薄厚不以大小史記蘇秦說趙王曰堯無三夫之分舜無咫尺之地禹無百人之聚湯武之士不過三千立爲天子誠得其道也光武悅時任使諸將多訪於禹禹每有所舉者皆當其才光武以爲知人使別將騎與蓋延等擊銅馬於清陽延等先至戰不利還保城爲賊所圍禹遂進與戰破之生獲其大將從光武追賊至鄡陽連大克獲北州略定及赤眉西入關更始

使定國上公王匡襄邑王成丹抗威將軍劉均及諸將分據河東弘農以拒之赤眉衆大集王匡等莫能當光武籌赤眉必破長安欲乘舋幷關中而方自事山東未知所寄以禹沈深有大度故授以西討之略乃拜爲前將軍持節中分麾下精兵二萬人遣西入關令自選偏裨以下可與俱者於是以韓歆爲軍師李文李春程慮爲祭酒（慮字或爲憲字）馮愔爲積弩將軍樊崇爲驍騎將軍宗歆爲車騎將軍鄧尋爲建威將軍耿訢爲赤眉將軍左于爲軍師將軍引而西建武元年正月禹自箕關將入河東（箕關在今王屋縣東）河東都尉守關不開禹攻十日破之獲輜重千餘乘進圍安邑數月未能下更始大將軍樊參將數萬人度大陽欲攻禹（大陽縣屬河東郡前書音義曰大河之陽春秋秦伯伐晉自茅津濟杜預云河東大陽縣也）禹遣諸將逆擊於解南大破之斬參首（解縣屬河東郡故城在今蒲州桑泉縣東南也）於是王匡成丹劉均等合軍十餘萬復共擊禹禹軍不利樊崇戰死會日

暮戰罷軍師韓歆及諸將見兵埶已摧皆勸禹夜去禹不聽明日癸亥匡等以六甲窮日不出禹因得更理兵勒衆明旦匡悉軍出攻禹禹令軍中無得妄動旣至營下因傳發諸將鼓而並進大破之匡等皆棄軍亡走禹率輕騎急追獲劉均及河東太守楊寶持節中郎將弭彊皆斬之收得節六印綬五百兵器不可勝數遂定河東承制拜李文爲河東太守悉更置屬縣令長以鎭撫之是月光武卽位於鄗使使者持節拜禹爲大司徒策曰制詔前將軍禹深執忠孝與朕謀謨帷幄決勝千里（高祖曰運籌帷幄之中決勝千里之外吾不如子房）孔子曰自吾有回門人日親（史記曰顏回年二十九髮白早死孔子哭之慟曰自吾有回門人益親也）斬將破軍平定山西功効尤著百姓不親五品不訓汝作司徒敬敷五教五教在寬（五品五常也父義母慈兄友弟恭子孝言五常之教務在寬也）今遣奉車都尉授印綬封爲酇侯食邑萬戶敬之哉（酇縣今屬南陽郡故城在襄州穀城縣東北）禹時年二十四遂渡汾陰河入夏陽更始中郎

將左輔都尉公乘歙（左輔即左馮翊也三輔皆有都尉）引其衆十萬與左馮翊兵共拒禹於衙（衙縣名屬左馮翊解在安紀）禹復破走之而赤眉遂入長安是時三輔連覆敗赤眉所過殘賊百姓不知所歸聞禹乘勝獨剋而師行有紀（紀綱紀也言有條貫而不殘暴）皆望風相攜負以迎軍降者日以千數衆號百萬禹所止輒停車住節（住或作柱）以勞來之父老童稚垂髮戴白（垂髮童幼也戴白父老也）滿其車下莫不感悅於是名震關西帝嘉之數賜書褒美諸將豪桀皆勸禹徑攻長安禹曰不然今吾衆雖多能戰者少前無可仰之積（仰猶恃也音魚向反）後無轉饋之資赤眉新拔長安財富充實鋒銳未可當也夫盜賊羣居無終日之計財穀雖多變故萬端寍能堅守者也上郡北地安定三郡土廣人稀饒穀多畜吾且休兵北道就糧養士以觀其弊乃可圖也於是引軍北至栒邑（栒邑縣屬右扶風故城在今豳州三水縣東北栒音荀）禹所到擊破赤眉別將諸營保郡邑皆開門歸附西河太守宗育遣子奉

檄降禹遣詣京師京師謂洛陽也公羊傳曰天子所居曰京師帝以關中未定而禹久不進兵下敕曰司徒堯也亡賊桀也長安吏人遑遑無所依歸宜以時進討鎮慰西京繫百姓之心禹猶執前意乃分遣將軍別攻上郡諸縣更徵兵引穀歸至大要大要縣名屬北地郡遣馮愔宗歆守栒邑二人爭權相攻愔遂殺歆因反擊禹禹遣使以聞帝帝問使人愔所親愛為誰對曰護軍黃防帝度愔防不能久和埶必相忤因報禹曰縛馮愔者必黃防也乃遣尚書宗廣持節降之後月餘防果執愔將其衆歸罪更始諸將王匡胡殷成丹等皆詣廣降與共東歸至安邑道欲亡廣悉斬之愔至洛陽赦不誅二年春遣使者更封禹為梁侯食四縣時赤眉西走扶風禹乃南至長安軍昆明池大饗士卒率諸將齋戒擇吉日修禮謁祠高廟收十一帝神主遣使奉詣洛陽因循行園陵為置吏士奉守焉禹引兵與延岑戰於藍田不克

復就穀雲陽漢中王劉嘉詣禹降嘉相李寶倨慢無禮禹斬之寶弟收寶部曲擊禹殺將軍耿訢自馮愔反後禹威稍損又乏食歸附者離散而赤眉復還入長安禹與戰敗走至高陵軍士飢餓者皆食棗菜帝乃徵禹還敕曰赤眉無穀自當來東吾折棰笞之非諸將憂也無得復妄進兵禹慙於受任而功不遂數以飢卒徼戰輒不利三年春與車騎將軍鄧弘擊赤眉遂爲所敗衆皆死散事在馮異傳獨與二十四騎還詣宜陽謝上大司徒梁侯印綬有詔歸侯印綬數月拜右將軍延岑自敗於東陽遂與秦豐合四年春復寇順陽閒遣禹護復漢將軍鄧曄輔漢將軍于匡擊破岑於鄧追至武當復破之岑奔漢中餘黨悉降十三年天下平定諸功臣皆增戶邑定封禹爲高密侯食高密昌安夷安淯于四縣高密國名今密州縣也昌安夷安竝屬高密國昌安故城在今密州安丘縣外城也夷安故城在今密州高密縣外城也淯于縣名屬北海郡故城在今密州安丘縣東北也帝以禹功高封

弟寬爲明親侯其後左右將軍官罷續漢志曰前後左右將軍皆主征伐事訖皆罷也以特進奉朝請禹內文明篤行淳備事母至孝天下旣定常欲遠名埶有子十三人各使守一埶修整閨門教養子孫皆可以爲後世法資用國邑不修産利帝益重之中元元年復行司徒事從東巡狩封岱宗顯宗卽位以禹先帝元功拜爲太傅進見東向甚見尊寵臣當北面尊如賓故令東向居歲餘寢疾帝數自臨問以子男二人爲郎永平元年年五十七薨謚曰元侯帝分禹封爲三國長子震爲高密侯襲爲昌安侯珍爲夷安侯禹少子鴻好籌策永平中以爲小侯引入與議邊事帝以爲能拜將兵長史率五營士屯鴈門肅宗時爲度遼將軍永元中與大將軍竇憲俱出擊匈奴有功徵行車騎將軍出塞追畔胡逢侯坐逗留下獄死高密侯震卒子乾嗣乾尙顯宗女沁水公主永元十四年陰皇后巫蠱事發乾從兄奉以后舅被誅乾從

坐國除元興元年和帝復封乾本國拜侍中乾卒子成嗣成卒子襃嗣襃尚安帝妹舞陰長公主桓帝時爲少府襃卒長子某嗣少子昌襲母爵爲舞陰侯拜黃門侍郎昌安侯襲嗣子藩亦尚顯宗女平皐長公主（平皐縣名屬河內郡故城在今懷州武德縣西）和帝時爲侍中夷安侯珍子康少有操行兄良襲封無後永初六年紹封康爲夷安侯時諸紹封者皆食故國半租康以皇太后戚屬獨三分食二以侍祠侯（漢官儀曰諸侯功德優盛朝廷所敬者位特進在三公下其次朝侯在九卿下其次侍祠侯其次下士小國侯以肺腑親公主子孫奉墳墓於京師亦隨時朝見是爲隈諸侯也康太后從兄以親侍祀得紹封也）爲越騎校尉康以太后久臨朝政宗門盛滿數上書長樂宮諫爭宜崇公室自損私權言甚切至太后不從康心懷畏懼永寧元年遂謝病不朝太后使內侍者問之時宮人出入多能有所毀譽其中耆宿皆稱中大人所使者乃康家先婢亦自通中大人康聞詬之（詬罵也音許遘反）曰汝我家出亦敢爾邪婢怨恚還說康詐疾而言不遜太

后大怒，遂免康官，遣歸國，絕屬籍。及從兄隲誅，隲音質。安帝徵康爲侍中。順帝立，爲太僕，有方正稱，名重朝廷。以病免，加位特進。陽嘉三年卒，諡曰義侯。

論曰：夫變通之世，君臣相擇，家語孔子曰：君擇臣而任之，臣亦擇君而事之。斯最作事謀始之幾也。幾者事之微也。易訟卦曰：君子以作事謀始。鄧公嬴糧徒步，觸紛亂而赴光武，方言曰：嬴，擔。可謂識所從會矣。於是中分麾下之軍，以臨山西之隙，至使關河響動，懷赴如歸，功雖不遂，而道亦弘矣。及其威損栒邑，兵散宜陽，褫龍章於終朝，就侯服以卒歲，褫音直紙反，又敕紙反。龍章，衮龍之服也。謂禹爲赤眉所敗，上司徒印綬也。易訟卦曰：或錫之鞶帶，終朝三褫之。榮悴交而下無二色，進退用而上無猜情，使君臣之美，後世莫闚其閒，不亦君子之致爲乎！

訓字平叔，禹第六子也。少有大志，不好文學，禹嘗非之。顯宗卽位，初以爲郎中。訓樂施下士，士大夫多歸之。東觀記曰：訓謙恕下士，無貴賤見之如舊，朋友子往來門內，視之如子，有過加鞭朴之教大醫皮巡從獵上林還暮宿殿門下寒疝病發時訓直事聞巡聲起往問之巡曰冀得火以熨背訓身至太官門爲求火不得乃以口噓其背復呼同廬郎共更噓至朝遂愈也

永平中理虖沱石臼河從都慮至羊腸倉酈元水經注云汾陽故城積粟所在謂之羊腸倉在晉陽西北石隥縈委若羊腸焉故以爲名今嵐州界羊腸阪是也石臼河解見明紀欲令通漕水運曰漕太原吏人苦役連年無成轉運所經三百八十九隘隘音乙賣反前後沒溺死者不可勝算建初三年拜訓謁者使監領其事訓考量隱括隱審量括之也孫卿子曰拘木必待隱括蒸揉然後直也拘音鉤謂曲者也知大功難立具以上言肅宗從之遂罷其役更用驢輦歲省費億萬計全活徒士數千人會上谷太守任興欲誅赤沙烏桓怨恨謀反詔訓將黎陽營兵屯狐奴以防其變漢官儀曰中興以幽冀并州兵克定天下故於黎陽立營以謁者監之狐奴縣屬漁陽郡也訓撫接邊民爲幽部所歸六年遷護烏桓校尉黎陽故人多攜將老幼樂隨訓徙邊東觀記曰訓故吏最貧羸者舉國念訓常所服藥北州少乏又知訓好青泥封書從黎陽步推鹿車於洛陽市藥還過趙國易陽并載青泥一襆至上谷遺訓其得人心如是鮮卑聞其威恩皆不敢南近塞下東觀記曰吏士常大病瘧轉易至數十人訓身爲煮湯藥咸得平愈其無妻者爲適配偶八年舞陰公主子梁扈有罪訓坐私與扈通書徵免

歸閭里〔東觀記曰燕人思慕爲之作歌也〕元和三年盧水胡反畔吕訓爲謁者乘傳到武威拜張掖太守章和二年護羌校尉張紆誘誅燒當種羌迷吾等由是諸羌大怒謀欲報怨朝廷憂之公卿舉訓代紆爲校尉諸羌激忿遂相與解仇結婚交質盟詛〔鄭玄注周禮云大事曰盟小事曰詛〕衆四萬餘人期氷合度河攻訓先是小月氏胡分居塞內勝兵者二三千騎皆勇健富彊每與羌戰常吕少制多雖首施兩端〔首施猶首鼠也〕漢亦時收其用時迷吾子迷唐別與武威種羌合兵萬騎來至塞下未敢攻訓先欲脅月氏胡訓擁衞稽故令不得戰〔稽故謂稽留事故也東觀記稽故字作諸故也〕議者咸吕羌胡相攻縣官之利吕夷伐夷不宜禁護訓曰不然今張紆失信衆羌大動經常屯兵不下二萬轉運之費空竭府帑〔說文曰帑金帛所藏音它莽反〕涼州吏人命縣絲髮原諸胡所吕難得意者皆恩信不厚耳今因其迫急吕德懷之庶能有用遂令開城及所居園門悉驅羣胡妻子內

之嚴兵守衞羌掠無所得（掠劫奪也）又不敢逼諸胡因卽解去由是湟中諸胡（湟中月氏胡所居今鄯州湟水縣也）皆言漢家常欲鬭我曹今鄧使君待我以恩信開門內我妻子乃得父母咸歡喜叩頭曰唯使君所命訓遂撫養其中少年勇者數百人以爲義從羌胡俗恥病死每病臨困輒以刀自刺訓聞有困疾者輒拘持縛束不與兵刃使醫藥療之愈者非一小大莫不感悅於是賞賂諸羌種使相招誘迷唐伯父號迷吾乃將其母及種人八百戶自塞外來降訓因發湟中秦胡羌兵四千人出塞掩擊迷唐於寫谷（東觀記曰寫作雁）斬首虜六百餘人得馬牛羊萬餘頭迷唐乃去大小榆（兩谷名也見西羌傳）居頗巖谷衆悉破散其春復欲歸故地就田業訓乃發湟中六千人令長史任尚將之縫革爲船置於箄上以渡河（箄木筏也音步佳反）掩擊迷唐廬落大豪多所斬獲復追逐奔北會尚等夜爲羌所攻於是義從羌胡并力破之斬首前後

一千八百餘級獲生口二千人馬牛羊三萬餘頭一種殆盡一種謂迷唐也迷唐遂收其餘部遠徙廬落西行千餘里諸附落小種皆背畔之燒當豪帥東號稽顙歸死東號羌名餘皆款塞納質於是綏接歸附威信大行遂罷屯兵各令歸郡唯置弛刑徒二千餘人分以屯田爲貧人耕種修理城郭塢壁而已永元二年大將軍竇憲將兵鎮武威憲以訓曉羌胡方略上求俱行訓初厚於馬氏不爲諸竇所親及憲誅故不離其禍離遭也訓雖寬中容衆而於閨門甚嚴兄弟莫不敬憚諸子進見未嘗賜席接以溫色四年冬病卒官時年五十三吏人羌胡愛惜旦夕臨者日數千人戎俗父母死恥悲泣皆騎馬歌呼至聞訓卒莫不吼號或以刀自割又刺殺其犬馬牛羊曰鄧使君已死我曹亦俱死耳前烏桓吏士皆奔走道路訓前任烏桓校尉時吏士也至空城郭吏執不聽以狀白校尉徐傿傿歎息曰此義也傿音於建反乃釋之

遂家家爲訓立祠每有疾病輒此請禱求福元興元年和帝以訓皇后之父使謁者持節至訓墓賜策追封謚曰平壽敬侯平壽縣屬北海郡故城在今青州北海縣中宫自臨百官大會訓五子騭京悝弘閶悝音口回反

騭字昭伯東觀記騭作陟少辟大將軍竇憲府及女弟爲貴人騭兄弟皆除郎中及貴人立是爲和熹皇后騭三遷虎賁中郎將京悝弘閶皆黄門侍郎京卒於官延平元年拜騭車騎將軍儀同三司始自騭也悝虎賁中郎將弘閶皆侍中殤帝崩太后與騭等定策立安帝悝遷城門校尉弘虎賁中郎將自和帝崩後騭兄弟常居禁中騭謙遜不欲久在內連求還弟歲餘太后乃許之永初元年封騭上蔡侯悝葉侯弘西平侯西平縣屬汝南郡故城在今豫州郾城縣南閶西華侯西華縣屬汝南郡也食邑各萬戶騭以定策功增邑三千戶騭等辭讓不獲遂逃避使者閒關詣闕閒關猶崎嶇也上疏自陳曰臣兄弟汙穢無分可採言無分寸可收採也過以外戚

遭値明時（過誤也）託日月之末光被雲雨之渥澤（易曰夫聖人者與天地合其德日月齊其明又云雲行雨施天下平也）並統列位光昭當世不能宣贊風美補助淸化誠慙誠懼無㠯處心陛下躬天然之姿體仁聖之德遭國不造仍離大憂（造成也仍頻也大憂和帝殤帝崩）開日月之明運獨斷之慮援立皇統奉承大宗聖策定於神心休烈垂於不朽本非臣等所能萬一而猥推嘉美竝享大封（猥曲也）伏聞詔書驚惶慙怖追觀前世傾覆之誡（前代外戚上官安霍禹之屬皆被誅戮也）退自惟念不寒而慄（惟思也不寒而慄言恐懼也前書曰義縱爲定襄太守郡中不寒而慄也）臣等雖無逮及遠見之慮猶有庶幾戒懼之情常母子兄弟內相勑厲冀㠯端慤畏慎一心奉戴上全天恩下完性命刻骨定分有死無二終不敢橫受爵土㠯增罪累惶窘征營昧死陳乞太后不聽騭頻上疏至於五六乃許之其夏涼部畔羌搖蕩西州朝廷憂之於是詔騭將左右羽林北軍五校士及諸部兵擊之車駕幸平樂觀餞送騭西屯漢陽使

征西校尉任尙從事中郎司馬鈞與羌戰大敗時以轉輸疲弊百姓苦役冬徵騭班師班還也朝廷以太后故遣五官中郎將迎拜騭爲大將軍軍到河南使大鴻臚親迎中常侍齎牛酒郊勞王主以下候望於道既至大會羣臣賜束帛乘馬駟馬曰乘寵靈顯赫光震都鄙時遭元二之災臣賢案元二卽元元也古書字當再讀者卽於上字之下爲小二字言此字當兩度言之後人不曉遂讀爲元二或同之陽九或附之百六良由不悟致斯乖舛今岐州石鼓銘凡重言者皆爲二字明驗也人士荒飢死者相望盜賊羣起四夷侵畔騭等崇節儉罷力役推進天下賢士何熙祋諷祋姓也音丁外反又音丁活反羊浸李郃陶敦等列於朝廷辟楊震朱寵陳禪置之幕府故天下復安四年母新野君寢病騭兄弟竝上書求還侍養太后以閶最少孝行尤著特聽之賜安車駟馬及新野君薨騭等復乞身行服章連上太后許之騭等既還里弟竝居冢次閶至孝骨立有聞當時及服闋詔喩騭還輔朝政更授前封騭等叩頭固讓乃止於是竝奉朝請位次

在三公下特進侯上（在特進及列侯之上）其有大議乃詣朝堂與公卿參謀元初二年弘卒太后服齊衰帝緦麻並宿幸其第弘少治歐陽尚書授帝禁中（歐陽生字和伯千乘人事伏生武帝時人）諸儒多歸附之初疾病遺言悉以常服不得用錦衣玉匣有司奏贈弘驃騎將軍位特進封西平侯太后追思弘意不加贈位衣服但賜錢千萬布萬匹騭等復辭不受詔大鴻臚持節即弘殯封子廣德爲西平侯將葬有司復奏發五營輕車騎士禮儀如霍光故事（霍光薨宣帝遣太中大夫侍御史持節護喪事中二千石修莫府冢上賜玉衣梓宮便房黃腸題湊輼輬車黃屋左纛輕車材官五校士以送葬也）太后皆不聽但白蓋雙騎門生輓送（白蓋車也）後以帝師之重分西平之都鄉封廣德弟甫德爲都鄉侯四年又封京子黃門侍郎珍爲陽安侯邑三千五百戶五年悝閶相繼並卒皆遺言薄葬不受爵贈太后並從之乃封悝子廣宗爲葉侯閶子忠爲西華侯自祖父禹教訓子孫皆遵法度深戒竇氏（章帝竇皇后竇勳女祖穆及叔父俱尚主穆交通輕薄屬託郡縣干

亂政化後竝坐怨望謀不軌被誅故鄧氏深引爲誡也檢敕宗族闔門靜居闔閉也騭子侍中鳳嘗與尚書郎張龕書屬郎中馬融宜在臺閣又中郎將任尚嘗遺鳳馬後尚坐斷盜軍糧檻車徵詣廷尉檻車謂以板四周爲檻無所見鳳懼事泄先自首於騭騭畏太后遂髡妻及鳳以謝天下稱之建光元年太后崩未及大斂帝復申前命封騭爲上蔡侯位特進帝少號聰敏及長多不德而乳母王聖見太后久不歸政慮有廢置常與中黃門李閏侯伺左右及太后崩宮人先有受罰者懷怨恚因誣告悝弘閶先從尚書鄧訪取廢帝故事謀立平原王得和帝長子平原王勝無嗣鄧太后立樂安王寵子得爲平原王帝聞追怒令有司奏悝等大逆無道遂廢西平侯廣德葉侯廣宗西華侯忠陽安侯珍都鄉侯甫德皆爲庶人騭以不與謀但免特進遣就國宗族皆免官歸故郡沒入騭等貲財田宅徙鄧訪及家屬於遠郡郡縣逼迫廣宗及忠皆自殺又徙封騭爲羅侯羅縣屬長沙國騭與子鳳

竝不食而死騭從弟河南尹豹度遼將軍舞陽侯遵將作大匠暢皆自殺唯廣德兄弟以母閻后戚屬得留京師大司農朱寵痛騭無罪遇禍乃肉袒輿櫬（櫬親身棺也）上疏追訟騭曰伏惟和熹皇后聖善之德爲漢文母（詩凱風曰母氏聖善文母文王之母太任也言太后有聖智之善比於文母也）兄弟忠孝同心憂國宗廟有主王室是賴（殤帝崩太后與騭定立安帝故曰是賴）功成身退讓國遜位歷世外戚無與爲比當享積善履謙之祐（易曰積善之家必有餘慶又曰鬼神害盈而福謙）而横爲宮人單辭所陷利口傾險反亂國家罪無申證（申明白也）獄不訊鞫（訊問也鞫窮也）遂令騭等罹此酷濫一門七人竝不以命（七人謂騭從弟豹遵暢騭子鳳鳳從弟廣宗忠也）尸骸流離怨魂不反逆天感人率土喪氣宜收還冢次寵樹遺孤奉承血祀以謝亡靈（血祀謂祭廟殺牲取血以告神也）寵知其言切自致廷尉詔免官歸田里衆庶多爲騭稱枉帝意頗悟乃譴讓州郡（以逼迫廣宗等故也）還葬洛陽北芒舊塋公卿皆會喪莫不悲傷之詔遣使者祠以中牢諸從昆弟皆歸京師

及順帝卽位追感太后恩訓愍騭無辜乃詔宗正復故大將軍鄧騭宗親內外朝見皆如故事除騭兄弟子及門從十二人悉爲郎中擢朱寵爲太尉錄尚書事寵字仲威京兆人初辟騭府稍遷潁川太守治理有聲及拜太尉封安鄉侯甚加優禮廣德早卒甫德更召徵爲開封令學傳父業喪母遂不仕閶妻耿氏有節操痛鄧氏誅廢子忠早卒乃養河南尹豹子嗣爲閶後耿氏教之書學遂以通博稱永壽中與伏無忌延篤著書東觀官至屯騎校尉禹曾孫香子女爲桓帝后帝又紹封度遼將軍遵子萬世爲南鄉侯拜河南尹及后廢萬世下獄死其餘宗親皆復歸故郡鄧氏自中興後累世寵貴凡侯者二十九人公二人大將軍以下十三人中二千石十四人列校二十二人州牧郡守四十八人其餘侍中將大夫郎謁者不可勝數東京莫與爲比

論曰漢世外戚自東西京十有餘族高帝呂后昭帝上官后宣帝霍后成帝趙后平帝王后章帝竇后和帝鄧后安帝閻后桓帝竇后順帝梁后靈帝何后等家或以貴盛驕奢或以攝位權重皆以盈極被誅也非徒豪横盈極自取災故必於貽釁後主已至顛敗者其數有可言焉後主謂嗣君也言外戚握權者當先帝時或容免禍必貽罪釁於嗣君以至傾覆數猶理也其致敗之理可得言焉何則恩非已結而權已先之言外戚之家承隆寵於先帝不結恩於後主故權勢先在其身也情疏禮重而枉性圖之圖謀也其人既居權要禮數不可不重故後主枉其本性與之圖謀政事非心所好也來寵方授地既害之後來寵者方欲授之要職而先代權臣見居其地必須除舊方得授新是地既害之也隙開埶謝讒亦勝之君臣有隙上下離心則權寵之人形勢漸謝於是讒人構會尋亦勝也悲哉隲悝兄弟委遠時柄忠勞王室而終莫之免斯樂生所以泣而辭燕也樂毅忠於燕昭王其子惠王立而疑樂毅樂毅懼而奔趙趙王謂樂毅曰燕力竭於齊其主信讒國人不附其可圖乎毅伏而垂涕曰臣事昭王猶事大王也臣若獲戾於它國沒身不忍謀趙徒隸況其後嗣乎

寇恂字子翼上谷昌平人也世爲著姓恂初爲郡功曹太守耿況甚重之王莽敗更始立使使者徇郡國曰先降者復爵位恂從耿況迎使者於界上況上印綬使者納之一宿無還意恂勒兵入見

使者就請之，使者不與，曰：「天王使者，功曹欲脅之邪？」恂曰：「非敢脅使君（君者尊之稱也），竊傷計之不詳也。今天下初定，國信未宣，使君建節銜命，以臨四方，郡國莫不延頸傾耳，望風歸命。今始至上谷而先墮大信（墮，毀也），沮向化之心，生離畔之隙，將復何以號令它郡乎？且耿府君在上谷，久爲吏人所親，今易之，得賢則造次未安，不賢則祗生亂。爲使君計，莫若復之以安百姓。」使者不應，恂叱左右以使者命召況。況至，恂進取印綬帶況。使者不得已，乃承制詔之，況受而歸。

及王郎起，遣將徇上谷，急況發兵。恂與門下掾閔業共說況曰：「邯鄲拔起，難可信向（拔，卒也）。昔王莽時，所難獨有劉伯升耳。今聞大司馬劉公，伯升母弟，尊賢下士，士多歸之，可攀附也。」況曰：「邯鄲方盛，力不能獨拒，如何？」恂對曰：「今上谷完實，控弦萬騎，舉大郡之資，可以詳擇去就。恂請東約漁陽，齊心合衆，邯鄲不足圖也。」況然之，乃遣恂到漁陽結謀彭寵恂還至昌平襲擊邯鄲使者殺之奪其軍遂與況子弇等俱南及光武於廣阿拜恂爲偏將軍號承義侯從破羣賊數與鄧禹謀議禹奇之因奉牛酒共交歡光武南定河內而更始大司馬朱鮪等盛兵據洛陽又并州未安光武難其守非其人不可故難之問於鄧禹曰諸將誰可使守河內者禹曰昔高祖任蕭何於關中無復西顧之憂所以得專精山東終成大業今河內帶河爲固戶口殷實北通上黨南迫洛陽寇恂文武備足有牧人御眾之才非此子莫可使也乃拜恂河內太守行大將軍事光武謂恂曰河內完富吾將因是而起昔高祖留蕭何鎮關中吾今委公以河內堅守轉運給足軍糧率厲士馬防遏它兵勿令北度而已光武於是復北征燕代恂移書屬縣講兵肄射肄習也伐淇園之竹爲矢百餘萬前書音義曰淇園衛之苑多竹篠也養馬二千匹收租四百萬斛轉以給軍朱鮪聞光

武北而河內孤使討難將軍蘇茂副將賈彊將兵三萬餘人度鞏河攻溫鞏溫竝今洛州縣也臨黃河故曰鞏河也檄書至恂卽勒軍馳出竝移告屬縣發兵會於溫下軍吏皆諫曰今洛陽兵度河前後不絕宜待衆軍畢集乃可出也恂曰溫郡之藩蔽失溫則郡不可守遂馳赴之旦日合戰而偏將軍馮異遣救及諸縣兵適至士馬四集幡旗蔽野恂乃令士卒乘城鼓譟大呼言曰劉公兵到蘇茂軍聞之陳動恂因奔擊大破之追至洛陽遂斬賈彊茂兵自投河死者數千生獲萬餘人恂與馮異過河而還自是洛陽震恐城門晝閉時光武傳聞朱鮪破河內有頃恂檄至大喜曰吾知寇子翼可任也諸將軍賀因上尊號於是卽位時軍食急乏恂以輦車驪駕轉輸前後不絕前書音義曰驪駕併駕也輦車人挽行也尚書升斗以稟百官帝數策書勞問恂同門生茂陵董崇說恂曰上新卽位四方未定而君侯已此時據大郡內得人心外

破蘇茂威震鄰敵功名發聞此讒人側目怨禍之時也昔蕭何守關中悟鮑生之言而高祖悅漢王與項羽相距京索蕭何留守關中上數使使勞苦何鮑生謂何曰今君王暴衣露蓋數勞苦君者有疑君心爲君計者遣君子孫昆弟能勝兵者悉詣軍何從其計高祖大悅今君所將皆宗族昆弟也無乃當以前人爲鏡戒恂然其言稱疾不視事帝將攻洛陽先至河內恂求從軍帝曰河內未可離也數固請不聽乃遣兄子寇張姊子谷崇將突騎願爲軍鋒帝善之皆以爲偏將軍建武二年恂坐繫考上書者免是時潁川人嚴終趙敦聚衆萬餘與密人賈期連兵爲寇恂免數月復拜潁川太守與破姦將軍侯進俱擊之數月斬期首郡中悉平定封恂雍奴侯邑萬戶執金吾賈復在汝南部將殺人於潁川部將謂軍部之下小將也恂捕得繫獄時尚草創軍營犯法率多相容恂乃戮之於市復以爲恥還過潁川謂左右曰吾與寇恂並列將帥而今爲其所陷大丈夫豈有懷侵怨而不決之者乎今見恂必手劍之恂

知其謀不欲與相見谷崇曰崇將也得帶劒侍側卒有變足旨相當恂曰不然昔藺相如不畏秦王而屈於廉頗者爲國也史記曰秦王與趙王飲於澠池秦王請趙王鼓瑟秦御史書曰某年某月趙王爲秦王鼓瑟藺相如前請秦王擊缶秦王怒不許相如曰五步之內相如請得以頸血濺大王矣秦王不懌爲擊缶相如顧趙御史書曰某年某月秦王爲趙王擊缶秦羣臣曰請以趙十五城爲秦王壽相如曰請以秦咸陽爲趙王壽竟酒不能相加旣罷歸國趙拜相如爲上卿位在廉頗之上頗曰我有攻城野戰之功相如徒以口舌爲勞而位居我上我見必辱之相如出望見廉頗輒引車避之舍人諫相如曰夫以秦王相如能廷叱之何畏廉將軍哉吾念彊秦不敢加兵於趙者蓋以吾兩人也今兩虎鬬必不俱全吾所以先公家之急而後私讎也區區之趙尚有此義吾安可旨忘之乎乃敕屬縣盛供具儲酒醪說文曰醪兼汁滓酒執金吾軍入界一人皆兼二人之餼餼具也恂乃出迎於道稱疾而還賈復勒兵欲追之而吏士皆醉遂過去恂遣谷崇旨狀聞帝乃徵恂恂至引見時復先在坐欲起相避帝曰天下未定兩虎安得私鬬今日朕分之分猶解也於是竝坐極歡遂共車同出結友而去恂歸潁川東觀記曰郡中政理盜賊不入三年遣使者卽拜爲汝南太守卽就也又使驃騎將軍杜茂將兵助恂討盜賊盜賊清淨郡中無事恂素

好學乃修鄉校教生徒聘能爲左氏春秋者親受學焉七年代朱浮爲執金吾明年從車駕擊隗囂而潁川盜賊羣起帝乃引軍還謂恂曰潁川迫近京師當以時定惟念獨卿能平之耳從九卿復出以憂國可知也恂對曰潁川剽輕聞陛下遠踰阻險有事隴蜀故狂狡乘間相詿誤耳（狡猾也說文曰詿亦誤也音挂）如聞乘輿南向賊必惶怖歸死臣願執銳前驅卽日車駕南征恂從至潁川盜賊悉降而竟不拜郡百姓遮道曰願從陛下復借寇君一年（恂前爲潁川太守故曰復借也）乃留恂長社鎭撫吏人受納餘降初隗囂將安定高峻擁兵萬人據高平第一（高平縣屬安定郡續漢志曰高平有第一城也）帝使待詔馬援招降峻由是河西道開中郎將來歙承制拜峻通路將軍封關內侯後屬大司馬吳漢共圍囂於冀及漢軍退峻亡歸故營復助囂拒隴阺及囂死峻據高平畏誅堅守建威大將軍耿弇率太中大夫竇士武威太守梁統等圍之一

歲不拔十年帝入關將自征之恂時從駕諫曰長安道里居中應接近便（從洛陽至高平長安為中）安定隴西必懷震懼此從容一處可㠯制四方也今士馬疲倦方履險阻非萬乘之固前年潁川可為至戒帝不從進軍及汧（汧縣屬扶風故城在今隴州汧源縣南也）峻猶不下帝議遣使降之乃謂恂曰卿前止吾此舉今為吾行也若峻不即降引耿弇等五營擊之恂奉璽書至第一峻遣軍師皇甫文出謁辭禮不屈恂怒將誅文諸將諫曰高峻精兵萬人率多彊弩西遮隴道連年不下今欲降之而反戮其使無乃不可乎恂不應遂斬之遣其副歸告峻曰軍師無禮已戮之矣欲降急降不欲固守峻惶恐即日開城門降諸將皆賀因曰敢問殺其使而降其城何也恂曰皇甫文峻之腹心其所取計者也今來辭意不屈必無降心全之則文得其計殺之則峻亡其膽是以降耳諸將皆曰非所及也遂傳峻還洛陽恂經明行修

名重朝廷所得秩奉厚施朋友故人及從吏士常曰吾因士大夫以致此其可獨享之乎時人歸其長者以爲有宰相器十二年卒謚曰威侯子損嗣恂同產弟及兄子姊子以軍功封列侯者凡八人終其身不傳於後初所與謀閔業者恂數爲帝言其忠賜爵關內侯官至遼西太守十三年復封損庶兄壽爲洨侯洨縣屬沛郡洨音胡交反後徙封損扶柳侯扶柳縣屬信都郡故城在今冀州信都縣西也損卒子釐嗣徙封商鄉侯釐卒子襲嗣恂女孫爲大將軍鄧騭夫人由是寇氏得志於永初閒安帝永初元年鄧太后臨朝故得志也恂曾孫榮

論曰傳稱喜怒以類者鮮矣左傳曰晉范武子將老召其子文子曰吾聞之喜怒以類者鮮矣而易者實多也夫喜而不比怒而思難者其唯君子乎子曰伯夷叔齊不念舊惡怨是用希於寇公而見之矣

榮少知名桓帝時爲侍中性矜絜自貴於人少所與與黨與也以此見害

於權寵而從兄子尚帝妹益陽長公主帝又聘其從孫女於後宮左右益惡之延熹中遂陷㠯罪辟與宗族免歸故郡吏承望風旨持之浸急榮恐不免奔闕自訟未至刺史張敬追劾榮㠯擅去邊有詔捕之榮逃竄數年會赦令不得除積窮困乃自亡命中上書曰（自從也）臣聞天地之於萬物也好生帝王之於萬人也慈愛陛下統天理物爲萬國覆作人父母先慈愛後威武先寬容後刑辟自生齒㠯上咸蒙德澤（大戴禮曰男子八月生齒女子七月生齒也）而臣兄弟獨㠯無辜爲專權之臣所見批抵（說文曰抵側擊也批音片兮反抵音之氏反）靑蠅之人所共搆會（靑蠅詩小雅曰營營靑蠅止于樊愷悌君子無信讒言靑蠅能汚白使黑汚黑使白喻佞人變亂善惡）㠯臣婚姻王室謂臣將撫其背奪其位退其身受其埶於是遂作飛章㠯被於臣欲使墜萬仞之阬踐必死之地令陛下忽慈母之仁發投杼之怒（史記曰昔曾參之處費魯人又有與曾參同姓名殺人人告其母曰曾參殺人其母織自若也又一人告之曰曾參殺人其母尚織自若也又一人告之曰曾參殺人其母乃投杼下機踰牆而走夫以曾參之賢其母猶生疑於三告）尚書背繩墨案空劾

縄墨謂法律也不復質碻其過寘於嚴棘之下質正也碻實也說文云碻音胡角反此苦角反嚴棘爲獄也易坎上六曰繫用徽墨寘于叢棘也便奏正臣罪司隷校尉馮羨佞邪承旨廢於王命驅逐臣等不得旋踵臣奔走還郡没齒無怨臣誠恐卒爲豺狼橫見噬食故冒死欲詣闕披肝膽布腹心刺史張敬好爲諂諛張設機網復令陛下興雷電之怒司隷校尉應奉河南尹何豹洛陽令袁騰竝驅爭先若赴仇敵罰及死没髡剔墳墓但未掘壙出尸剖棺露胔耳胔謂骨之尙有肉者也月令曰掩骼埋胔音才賜反又在移反昔文王葬枯骨解見順紀也公劉敦行葦世稱其仁大雅行葦之詩曰敦彼行葦牛羊勿踐履言公劉之時仁及草木敦然道傍之葦牧牛羊者無使踐履折傷之況於人乎故槃以自喻焉今殘酷容媚之吏無折中處平之心不顧無辜之害而興虛誣之誹欲使嚴朝必加濫罰是吕不敢觸突天威而自竄山林吕俟陛下發神聖之聽啓獨覩之明拒讒慝之謗絶邪巧之言救可濟之人援没溺之命不意滯怒不爲春夏息春夏長養萬物故不宜怒矣淹恚不爲順時怠遂馳使郵驛布告

遠近嚴文剋剝痛於霜雪張羅海內設置萬里逐臣者窮人迹追臣者極車軌雖楚購伍員（史記曰楚人伍奢爲平王太子建太傅費無忌譖殺奢奢子員字子胥奔吳楚購之得伍員者賜粟五萬石爵執圭）漢求季布無以過也（季布爲項羽將數窘漢王項羽滅高祖購季布千金敢舍匿罪三族）臣遇罰以來三赦再贖無驗之罪足以蠲除（無驗謂無罪狀可按驗也）而陛下疾臣愈深有司咎臣甫力（甫始也力甚也）止則見埽滅行則爲亡虜苟生則爲窮人極死則爲冤鬼天廣而無以自覆地厚而無以自載蹈陸土而有沈淪之憂遠巖墻而有鎮壓之患精誠足以感於陛下而哲王未肯悟如臣犯元惡大憝（憝惡也主言元惡之人大爲人之所惡也）足以陳於原野備刀鋸（鋸刖刑也國語曰刑有五大者陳諸原野矣）陛下當班布臣之所坐以解眾論之疑臣思入國門坐於肺石之上使三槐九棘平臣之罪（周禮秋官云左九棘孤卿大夫位焉右九棘公侯伯子男位焉面三槐三公位焉左嘉石平罷人右肺石達窮人）而閶闔九重（閶闔天門也）陷穽步設（穽阬穽也）舉趾觸罘罝（說文曰罘兔網也罝亦兔網也音浮嗟）動行絓羅網無緣至萬乘之前永無見信之期矣國君不可讎匹夫讎之則一

國盡懼左傳曰晉侯之豎頭須曰國君而讎匹夫懼者甚衆也臣奔走㠯來三離寒暑離歷陰陽易位當煖反寒春常淒風淒風寒風也左傳曰春無淒風夏降霜雹月令仲夏行冬令則雹凍傷穀又連年大風折拔樹木風爲號令前書翼奉曰凡風者天之號令所以譴告人也春夏布德月令春天子布德行惠發倉廩賑窮乏夏行封慶賜無不欣說也議獄緩死之時易中孚象曰君子以議獄緩死也願陛下思帝堯五教在寬之德企成湯避遠讒夫之誡劉向說苑曰湯大旱七年使人持鼎祀山川祝曰政不節邪包苴行邪讒夫昌邪宮室崇邪女謁盛邪使人疾邪何不雨之極也㠯盜風旱㠯弭災兵臣聞勇者不逃死智者不重困重猶惜也固不爲明朝惜垂盡之命願赴湘沅之波從屈原之悲史記曰屈原事楚懷王王受讒流屈原於江南屈原憂愁悲思遂投湘沅而死沈江湖之流弔子胥之哀史記曰伍子胥爲吳行人被宰嚭所譖吳王賜屬鏤之劍以死王取其尸盛以鴟夷浮之於江中矣臣功臣苗緒生長王國懼獨含恨㠯葬江魚之腹無㠯自別於世屈原曰寧赴湘沅葬于江魚之腹也不勝狐死首丘之情營魂識路之懷禮檀弓曰古人有言狐死正丘首仁也楚詞曰願徑逝而未得魂識路之營營老子曰載營魄猶營魂也犯冒王怒觸突帝禁伏於兩觀陳訴毒痛兩觀闕也孔子攝司寇誅少正卯於兩觀之下然後登金鑊入沸湯糜爛於熾爨之下九死而未悔楚詞曰雖

九死猶未悔也悲夫久生亦復何聊蓋忠臣殺身㠯解君怒孝子殞命㠯盈親怨故大舜不避塗廩浚井之難廩倉也浚深也史記曰舜父瞽叟常欲殺舜使舜塗廩從下焚廩舜乃以兩笠自扞而下後又使穿井舜為匿空旁出舜既入深父乃與象共下土實之舜從旁空出去申生不辭姬氏讒邪之謗申生晉獻公太子獻公用驪姬之讒而殺申生事見左氏傳也臣敢忘斯議不自斃㠯解明朝之忿哉乞㠯身塞重責願陛下匄兄弟死命匄乞也音蓋使臣一門頗有遺類㠯崇陛下寬饒之惠先死陳情臨章涕泣泣血漣如易曰乘馬班如泣涕漣如言居不獲安行無所適窮困闉厄無所委仰者帝省章愈怒遂誅榮寇氏由是衰廢

贊曰元侯淵謨乃作司徒明啟帝略肇定秦都勳成智隱靜其如愚論語孔子曰吾與回言終日不違如愚也子翼守溫蕭公是埒埒等也係兵轉食㠯集鴻烈誅文屈賈有剛有折詠皇甫文屈於賈復

鄧寇列傳第六

金陵書局仿汲古閣本刊

後漢書十六

馮岑賈列傳第七　　後漢書十七

唐章懷太子賢注

馮異字公孫，潁川父城人也。父城，縣名，故城在今許州葉縣東北。汝州郟城縣亦有父城。好讀書，通左氏春秋、孫子兵法。孫子名武，善用兵，吳王闔廬之將也。作兵法十三篇，見史記。漢兵起，異以郡掾監五縣，與父城長苗萌共城守，為王莽拒漢。光武略地潁川，攻父城不下，屯兵巾車鄉。巾車，鄉名也，在父城界。異閒出行屬縣，閒出猶微行。行音下孟反。為漢兵所執。時異從兄孝及同郡丁綝、呂晏，東觀記曰：綝字幼春，定陵人也。伉健有武略。綝音丑心反。並從光武，因共薦異，得召見。異曰：「異一夫之用，不足為彊弱。有老母在城中，願歸據五城，以效功報德。」光武曰：「善。」異歸，謂苗萌曰：「今諸將皆壯士屈起，多暴橫，獨有劉將軍所到不虜掠。觀其言語舉止，非庸人也，可以歸身。」苗萌曰：「死生同命，敬從子計。」光武南還宛，更始諸將攻父城者前後十餘輩，異堅守不下；及光武為司隸校尉，道經父城，異等即開門奉牛酒迎光武署異爲主簿苗萌爲從事異因薦邑子銚期音姚叔壽段建左隆等東觀記及續漢書段竝作殷字光武皆以爲掾史從至洛陽更始數欲遣光武徇河北諸將皆以爲不可是時左丞相曹竟子詡爲尚書竟字子期山陽人也後死於赤眉之難見前書詡音虛羽反父子用事異勸光武厚結納之及度河北詡有力焉自伯升之敗光武不敢顯其悲戚每獨居輒不御酒肉枕席有涕泣處異獨叩頭寬譬哀情光武止之曰卿勿妄言異復因閒進說曰天下同苦王氏思漢久矣今更始諸將從橫暴虐從音子用反橫音胡孟反所至虜掠百姓失望無所依戴今公專命方面施行恩德夫有桀紂之亂乃見湯武之功人久飢渴易爲充飽猶言凋殘之後易流德澤宜急分遣官屬徇行郡縣理冤結布惠澤光武納之至邯鄲遣異與銚期乘傳撫循屬縣錄囚徒存鰥寡亡命自詣者除其罪陰條二千石長吏同心及不附者上之及王郎起光武自薊東南馳晨夜草舍

舍止息也至饒陽無蔞亭（無蔞亭名在今饒陽縣東北蔞音力于反）時天寒烈眾皆飢疲異上豆粥明旦光武謂諸將曰昨得公孫豆粥飢寒俱解及至南宮（南宮縣名屬信都國今冀州縣也）遇大風雨光武引車入道傍空舍異抱薪鄧禹熱火（熱音而悅反）光武對竈燎衣（燎炙也）異復進麥飯菟肩因復度虖沱河至信都（光武紀云度虖沱河至下博城西見白衣老父曰信都去此八十里耳是自北而南此傳先言至南宮後言度虖沱河南宮在虖沱河南百有餘里又似自南而北紀傳兩文全相乖背迹其地理紀是傳非諸家之書竝然亦未詳其故）使異別收河閒兵還拜偏將軍從破王郎封應侯（應國名周武王子所封也杜預注春秋曰應國在襄城城父縣西南）異為人謙退不伐行與諸將相逢輒引車避道（東觀記續漢書云異敕吏士非交戰受敵常行諸營之後相逢引車避之由是無爭道變鬬者也）進止皆有表識（言其進退有常處也）軍中號為整齊每所止舍諸將竝坐論功異常獨屛樹下軍中號曰大樹將軍及破邯鄲乃更部分諸將各有配隸（隸屬也袁崧書曰先時諸將同營吏卒多犯法）軍士皆言願屬大樹將軍光武以此多之（多重也）別擊破鐵脛於北平（北平縣名屬中山國故城在今易州永樂縣也）又降匈奴于林闟頓王（匈奴王號山陽公載記曰頓字作碓前書音義闟音蹋頓音碓）因從平河北時更

後漢十七　二

始遣舞陰王李軼廩丘王田立大司馬朱鮪白虎公陳僑東觀記僑字作矯
將兵號三十萬與河南太守武勃共守洛陽光武將北徇燕趙以
魏郡河內獨不逢兵而城邑完全倉廩實乃拜寇恂爲河內太守
異爲孟津將軍孟地名古今以爲津統二郡軍河上與恂合埶以拒朱鮪等異
乃遺李軼書曰愚聞明鏡所以照形往事所以知今孔子家語曰孔子觀周明堂四門之
墉有堯舜桀紂之象謂從者曰明鏡所以察形古事所以知今昔微子去殷而入周項伯畔楚而歸漢史記曰微子名
啓紂之庶兄周武王伐紂微子乃持祭器肉袒面縛造於軍門武王乃釋其縛復其位項伯名纏項籍之季父素善張良高祖因良與伯結婚項籍謀害漢王伯以身翊蔽之籍誅乃歸漢也周
勃迎代王而黜少帝霍光尊孝宣而廢昌邑少帝孝惠後宮之子名弘惠帝崩周勃以弘非惠帝之子乃黜
之迎立代王昭帝崩無嗣霍光乃迎立代帝孫昌邑王賀賀無道光廢之而立宣帝彼皆畏天知命覩存亡之符見廢興
之事故能成功於一時垂業於萬世也苟令長安尚可扶助延期
歲月疏不閒親遠不踰近季文豈能居一隅哉長安謂更始季文李軼字言軼與更始疏遠獨居一隅理
難文久欲其早圖去就今長安壞亂赤眉臨郊王侯搆難大臣乖離綱紀已絕時更

始大臣張卬申屠建隗囂等以赤眉入關謀劫更始歸南陽是大臣乖離也四方分崩異姓竝起是故蕭王跋涉霜雪經營河北方今英俊雲集百姓風靡雖邠岐慕周不足㠯喻史記曰古公亶父修后稷之業積德行義國人皆戴之戎翟攻之不忍戰其人乃與其私屬去邠止於岐下邠人舉國扶老攜弱盡復歸古公於岐山之下季文誠能覺悟成敗亟定大計論功古人亟急也古人卽謂微子項伯等轉禍爲福在此時矣如猛將長驅嚴兵圍城雖有悔恨亦無及已初軼與光武首結謀約加相親愛及更始立反共陷伯升雖知長安已危欲降又不自安乃報異書曰軼本與蕭王首謀造漢結死生之約同榮枯之計今軼守洛陽將軍鎮孟津俱據機軸機弩牙也軸車軸也皆在物之要故取諭焉千載一會思成斷金易曰二人同心其利斷金唯深達蕭王願進愚策㠯佐國安人軼自通書之後不復與異爭鋒故異因此得北攻天井關拔上黨兩城天井關在太行山下解見章紀又南下河南成皋已東十三縣及諸屯聚皆平之降者十餘萬武勃將萬餘人攻諸畔者異引軍度河與勃戰於士鄉下續漢書曰士鄉亭名屬河南郡大破

斬勃獲首五千餘級軼又閉門不救異見其信效具以奏聞光武故宣露軼書東觀記曰上報異曰軼多詐不信人不能得其要領今移其書令朱鮪知之鮪怒遂使人刺殺軼由是城中乖離多有降者鮪乃遣討難將軍蘇茂將數萬人攻溫鮪自將數萬人攻平陰以綴異平陰縣名屬河南郡綴謂連綴也異遣校尉護軍將軍將兵與寇恂合擊茂破之異因度河擊鮪鮪走異追至洛陽環城一帀而歸移檄上狀諸將皆入賀并勸光武卽帝位光武乃召異詣鄗問四方動靜異曰三王反畔更始敗亾三王謂張卬爲淮陽王廖湛爲穰王胡殷爲隨王更始欲殺卬等遂勒兵掠東西市入戰於宮中更始大敗天下無主宗廟之憂在於大王宜從衆議上爲社稷下爲百姓光武曰我昨夜夢乘赤龍上天覺悟心中動悸異因下席再拜賀曰此天命發於精神周易乾卦九五曰飛龍在天大人造也莊子曰其夢也神交故言天命發於精神心中動悸大王重愼之性也異遂與諸將定議上尊號建武二年春定封異陽夏侯夏音賈引擊陽翟賊嚴終趙根破之詔異歸家上冢

使太中大夫齎牛酒（續漢志曰太中大夫秩千石掌顧問論議屬光祿）令二百里內太守都尉已下及宗族會焉時赤眉延岑暴亂三輔郡縣大姓各擁兵衆大司徒鄧禹不能定乃遣異代禹討之車駕送至河南賜以乘輿七尺具劒（具謂以寶玉裝飾之東觀記作玉具劒）勑異曰三輔遭王莽更始之亂重以赤眉延岑之酷元元塗炭無所依訴今之征伐非必略地屠城要在平定安集之耳諸將非不健鬭然好虜掠卿本能御吏士念自修敕無爲郡縣所苦異頓首受命引而西所至皆布威信弘農羣盜稱將軍者十餘輩皆率衆降異（東觀記曰黽池霍郎陝王長湖濁惠華陰陽沈等稱將軍等皆降）異與赤眉遇於華陰相拒六十餘日戰數十合降其將劉始王宣等（東觀記宣作重）五千餘人

三年春遣使者卽拜異爲征西大將軍鄧禹率車騎會將軍鄧弘等引歸與異相遇禹弘要異共攻赤眉異曰異與賊相拒且數十日雖屢獲雄將餘衆尚多可稍以恩信傾誘難卒用兵破也上今

使諸將屯黽池要其東而異擊其西一舉取之此萬成計也禹弘不從弘遂大戰移日赤眉陽敗棄輜重走車皆載土以豆覆其上兵士飢爭取之赤眉引還擊弘弘軍潰亂異與禹合兵救之赤眉小郤異以士卒飢倦可且休禹不聽復戰大爲所敗死傷者三千餘人禹得脫歸宜陽異棄馬步走上回谿阪（回谿今俗所謂回阬在今洛州永寧縣東北其谿長四里闊二丈深二丈五尺也）與麾下數人歸營復堅壁收其散卒招集諸營保數萬人與賊約期會戰使壯士變服與赤眉同伏於道側旦日赤眉使萬人攻異前部異裁出兵以救之（裁小出兵所以示弱也）賊見埶弱遂悉衆攻異異乃縱兵大戰日昃賊氣衰伏兵卒起衣服相亂赤眉不復識別衆遂驚潰追擊大破於崤底降男女八萬人餘衆尚十餘萬東走宜陽降璽書勞異曰赤眉破平士吏勞苦始雖垂翅回谿終能奮翼黽池（以爲喻）可謂失之東隅收之桑榆（淮南子曰至於衡陽是謂隅中又前書谷子雲曰太白出西方六十日法當參天今已過

期尚在桑榆閒桑榆謂晚也方論功賞以答大勳時赤眉雖降衆寇猶盛延岑據藍田王歆據下邽秦武公伐邽戎致之也隴西有上邽故此有下也芳丹據新豐續漢書芳作茅蔣震據霸陵霸陵文帝陵因以爲縣名故秦芷陽縣張邯據長安公孫守據長陵楊周據谷口谷口縣名屬左馮翊故城在今醴泉縣東北呂鮪據陳倉角閎據汧駱蓋延據盩厔任良據鄠汝章據槐里各稱將軍擁兵多者萬餘少者數千人轉相攻擊異且戰且行屯軍上林苑中延岑既破赤眉自稱武安王拜置牧守欲據關中引張邯任良共攻異異擊破之斬首千餘級諸營保守附岑者皆來降歸異岑走攻析析縣名楚之白羽邑也即今鄧州內鄉縣異遣復漢將軍鄧曄輔漢將軍于匡要擊岑大破之降其將蘇臣等八千餘人岑遂自武關走南陽時百姓饑餓人相食黃金一斤易豆五升道路隔斷委輸不至軍士悉以果實爲糧詔拜南陽趙匡爲右扶風將兵助異并送縑穀軍中皆稱萬歲異兵食漸盛乃稍誅擊豪桀不從令者褒賞降

附有功勞者悉遣其渠帥詣京師散其眾歸本業威行關中唯呂鮪張邯蔣震遣使降蜀其餘悉平明年公孫述遣將程焉將數萬人就呂鮪出屯陳倉異與趙匡迎擊大破之焉退走漢川異追戰於箕谷復破之還擊破呂鮪營保降者甚眾其後蜀復數遣將閒出異輒摧挫之（賈逵注國語曰折其鋒曰挫）懷來百姓申理枉結出入三歲上林成都（成都言歸附之多也史記曰一年成邑二年成都）異自以久在外不自安上書思慕闕廷願親帷幄帝不許後人有章言異專制關中斬長安令威權至重百姓歸心號爲咸陽王帝使以章示異（東觀記曰使者宋嵩西上因以章示異）異惶懼上書謝曰臣本諸生遭遇受命之會充備行伍過蒙恩私位大將爵通侯（通侯即徹侯避武帝諱改焉）受任方面以立微功（謂西方一面專以委之）皆自國家謀慮愚臣無所能及臣伏自思惟以詔敕戰攻每輒如意時以私心斷決未嘗不有悔國家獨見之明久而益遠乃知性與天道不可得而聞也（論語子貢曰夫

（子之文章可得而聞也夫子之言性與天道不可得而聞）當兵革始起擾攘之時豪桀競逐（逐爭也）迷惑于數臣以遭遇託身聖明在傾危溷殽之中尚不敢過差而況天下平定上尊下卑而臣爵位所蒙巍巍不測乎誠冀以謹敕遂自終始見所示臣章戰慄怖懼伏念明主知臣愚性固敢因緣自陳詔報曰將軍之於國家義爲君臣恩猶父子何嫌何疑而有懼意六年春異朝京師引見帝謂公卿曰是我起兵時主簿也爲吾披荆棘定關中（荆棘榛梗之謂以喻紛亂）既罷使中黄門賜以珍寶衣服錢帛詔曰倉卒無蔞亭豆粥虖沱河麥飯厚意久不報異稽首謝曰臣聞管仲謂桓公曰願君無忘射鉤臣無忘檻車齊國賴之（史記管仲將兵遮莒道射桓公中鉤後魯桎梏管仲而送於齊齊以爲相說苑曰管仲桎梏檻車中非無媿也自裁也新序曰齊桓公與管仲飲酒酣管仲上壽曰願君無忘出奔於莒也臣亦無忘束縛於魯也此云射鉤檻車義亦通）臣今亦願國家無忘河北之難小臣不敢忘巾車之恩（謂光武獲異於巾車而赦之）後數引讌見定議圖蜀留十餘日令異妻子隨異還西夏遣諸將上隴

爲隗囂所敗乃詔異軍栒邑未至隗囂乘勝使其將王元行巡將二萬餘人下隴因分遣巡取栒邑異卽馳兵欲先據之諸將皆曰虜兵盛而新乘勝不可與爭宜止軍便地徐思方略異曰虜兵臨境忸忕小利（忸忕猶慣習也謂慣習前事而復爲之爾雅曰忸復也郭景純曰謂慣忕復爲之也忸音尼丑反忕音逝）遂欲深入若得栒邑三輔動搖是吾憂也夫攻者不足守者有餘（孫子兵法之文）今先據城以逸待勞非所以爭也潛往閉城偃旗鼓行巡不知馳赴之異乘其不意卒擊鼓建旗而出巡軍驚亂奔走追擊數十里大破之祭遵亦破王元於汧於是北地諸豪長耿定等悉畔隗囂降異上書言狀不敢自伐（孔安國注尚書曰自矜曰伐）諸將或欲分其功帝患之乃下璽書曰制詔大司馬虎牙建威漢中捕虜武威將軍虜兵猥下三輔驚恐（大司馬吳漢曰虎牙蓋延也建威耿弇也漢中王常也捕虜馬武也武威劉尚也廣雅曰猥衆也）栒邑危亾在於旦夕北地營保按兵觀望今偏城獲全虜兵挫折使耿定之屬復念君臣之義征西

功若丘山猶自以爲不足孟之反奔而殿亦何異哉孟之反魯大夫魯與齊戰魯師敗之反殿是其功也將入魯門乃策其馬曰吾非敢後馬不進是謙而不自伐也今遣太中大夫賜征西吏士死傷者醫藥棺殮大司馬已下親弔死問疾以崇謙讓於是使異進軍義渠并領北地太守事義渠縣名屬北地郡青山胡率萬餘人降異青山在北地參巒界青山中水所出也續漢書曰安定屬國人本屬國降胡也居參巒青山中其豪帥號肥頭少卿異又擊盧芳將賈覽匈奴薁鞬日逐王破之薁音於六反上郡安定皆降異復領安定太守事九年春祭遵卒詔異守征虜將軍并將其營及隗囂死其將王元周宗等復立囂子純猶總兵據冀公孫述遣將趙匡等救之帝復令異行天水太守事攻匡等且一年皆斬之東觀記曰時賜馮異璽書曰聞吏士精銳水火不避購賞之賜必不令將軍負丹青失斷金諸將共攻冀不能拔欲且還休兵異固持不動常爲衆軍鋒明年夏與諸將攻落門未拔落門聚名在冀縣有落門山病發薨于軍謚曰節侯長子彰嗣明年帝思異功復封彰弟訢爲析鄉侯十三年更封彰東緡侯食三縣東觀記曰東緡

縣名屬山陽郡左傳曰齊侯伐宋圍緡即此地也在今兖州金鄉縣永平中徙封平鄉侯東觀記曰永平五年封平鄉侯食鬱林潭中彰卒子普嗣有罪國除東觀記曰坐鬭殺游徼會赦國除永初六年安帝下詔曰夫仁不遺親義不忘勞興滅繼絕善及子孫古之典也論語曰興滅國繼絕世公羊傳曰善善及子孫惡惡止其身昔我光武受命中興恢弘聖緒橫被四表昭假上下昭明也假至也上下天地假音格光耀萬世祉祚流衍垂於罔極予末小子夙夜永思追惟勳烈披圖案籍建武元功二十八將佐命虎臣讖記有徵蓋蕭曹紹封傳繼於今和帝永和四年詔紹封蕭曹之後以彰厥功也況此未遠而或至乏祀朕甚愍之其條二十八將無嗣絕世若犯罪奪國其子孫應當統後者分別署狀上將及景風章敘舊德顯茲遺功焉春秋考異郵曰夏至四十五日景風至宋均注曰景風至則封有功也於是紹封普子晨為平鄉侯明年二十八將絕國者皆紹封焉

岑彭字君然南陽棘陽人也棘音紀力反王莽時守本縣長漢兵起攻拔棘陽彭將家屬奔前隊大夫甄阜甄阜怒彭不能固守拘彭母妻令

劾功自補彭將賓客戰鬬甚力及甄阜死彭被創亡歸宛與前隊貳嚴說共城守（前隊大夫貳甄阜之副也姓嚴名說東觀記云貳師嚴尤共城守計嚴尤爲大司馬又非貳師與此不同）漢兵攻之數月城中糧盡人相食彭乃與說舉城降諸將欲誅之大司徒伯升曰彭郡之大吏執心堅守是其節也今舉大事當表義士不如封之以勸其後更始乃封彭爲歸德侯（歸德縣名屬北地郡）令屬伯升及伯升遇害彭復爲大司馬朱鮪校尉從鮪擊王莽楊州牧李聖殺之定淮陽城鮪薦彭爲淮陽都尉更始遣立威王張卬與將軍傜偉鎮淮陽（風俗通曰東越王傜句踐之後其後傜爲姓東觀記曰傜作徭）偉反擊走卬彭引兵攻偉破之遷潁川太守會舂陵劉茂起兵略下潁川彭不得之官乃與麾下數百人從河內太守邑人韓歆會光武徇河內歆議欲城守彭止不聽既而光武至懷歆迫急迎降光武知其謀大怒收歆置鼓下將斬之（中軍將最尊自執旗鼓若置營則立旗以爲軍門并設鼓戮人必於其下）召見彭彭因進說曰今赤眉入關更始危殆權

臣放縱驕稱詔制道路阻塞四方蜂起羣雄競逐百姓無所歸命竊聞大王平河北開王業此誠皇天祐漢士人之福也彭幸蒙司徒公所見全濟未有報德旋被禍難永恨於心今復遭遇願出身自效光武深接納之彭因言韓歆南陽大人大人謂大家豪右可以爲用乃貰歆貰寬也以爲鄧禹軍師更始大將軍呂植將兵屯淇園彭說降之於是拜彭爲刺姦大將軍使督察衆營續漢書曰時更始尚書令謝躬將六將軍屯鄴兵橫暴爲百姓所苦上先遣吳漢往收之故拜彭爲刺姦將軍授以常所持節從平河北光武即位拜彭廷尉歸德侯如故行大將軍事續漢書曰彭鎮河內馮異先攻洛陽朱鮪大出軍欲擊彭時天霧鮪以爲彭已去令其兵皆穫黍彭乃進擊大破之與大司馬吳漢大司空王梁建義大將軍朱祐右將軍萬修執金吾賈復驍騎將軍劉植揚化將軍堅鐔積射將軍侯進偏將軍馮異祭遵王霸等圍洛陽數月朱鮪等堅守不肯下帝以彭嘗爲鮪校尉令往說之鮪在城上彭在城下相勞苦歡語如平生彭因曰彭往者

得執鞭侍從蒙薦舉拔擢常思有以報恩今赤眉已得長安更始爲三王所反 解見上文 皇帝受命平定燕趙盡有幽冀之地百姓歸心賢俊雲集親率大兵來攻洛陽天下之事逝其去矣公雖嬰城固守將何待乎 嬰繞也謂以城自嬰繞而守之 鮪曰大司徒被害時鮪與其謀 與音預 又諫更始無遣蕭王北伐誠自知罪深彭還具言於帝帝曰夫建大事者不忌小怨鮪今若降官爵可保況誅罰乎河水在此吾不食言 指河以爲信言其明白也 彭復往告鮪鮪從城上下索曰必信可乘此上彭趣索欲上 趣向也 鮪見其誠卽許降後五日鮪將輕騎詣彭顧敕諸部將曰堅守待我我若不還諸君徑將大兵上轘轅歸郾王 更始傳尹尊爲郾王 乃面縛與彭俱詣河陽 東觀記曰詣行在所河津亭 帝卽解其縛召見之復令彭夜送鮪歸城明旦悉其衆出降拜鮪爲平狄將軍封扶溝侯鮪淮陽人後爲少府 前書曰少府秦官秩二千石續漢書曰少府掌中服御諸物衣服寶貨珍膳之屬 傳封累代建武二年使彭擊荆州

下犨葉等十餘城犨縣名屬南陽郡故城在今汝州魯山縣東南葉今許州葉縣也續漢書曰彭南擊荆州至城安昆陽犨葉舞陽堵陽平氏棘陽胡陽處處皆破其屯聚是時南方尤亂南郡人秦豐據黎丘自稱楚黎王略十有二縣東觀記曰豐邔縣人少學長安受律令歸為縣吏更始元年起兵攻得邔宜城若編臨沮中沮廬襄陽鄧新野穰湖陽蔡陽兵合萬人邔音求紀反董訢起堵鄉許邯起杏南陽復陽縣有杏聚又更始諸將各擁兵據南陽諸城帝遣吳漢伐之漢軍所過多侵暴時破虜將軍鄧奉謁歸新野怒吳漢掠其鄉里遂返擊破漢軍獲其輜重屯據淯陽與諸賊合從秋彭破杏降許邯遷征南大將軍復遣朱祜賈復及建威大將軍耿弇漢中將軍王常武威將軍郭守越騎將軍劉宏偏將軍劉嘉耿植等與彭并力討鄧奉先擊堵鄉而奉將萬餘人救董訢訢奉皆南陽精兵彭等攻之連月不尅三年夏帝自將南征至葉董訢別將將數千人遮道車騎不可得前彭奔擊大破之帝至堵陽鄧奉夜逃歸淯陽續漢書曰奉令候伏道旁見車騎一日不絕歸語奉奉遂夜遁董訢降彭復與耿弇賈復及積弩將軍傅俊

騎都尉臧宮等從追鄧奉於小長安小長安解見光武紀帝率諸將親戰大破之奉迫急乃降帝憐奉舊功臣且釁起吳漢欲全宥之彭與耿弇諫曰鄧奉背恩反逆暴師經年致賈復傷痍朱祐見獲陛下既至不知悔善而親在行陳兵敗乃降若不誅奉無以懲惡於是斬之奉者西華侯鄧晨之兄子也車駕引還令彭率傅俊臧宮劉宏等三萬餘人南擊秦豐拔黃郵黃郵聚名也在南陽新野縣豐與其大將蔡宏拒彭等於鄧數月不得進帝怪以讓彭彭懼於是夜勒兵馬申令軍中使明旦西擊山都山都縣名屬南陽郡舊南陽之赤鄉秦以爲縣故城在今襄州義清縣東北乃緩所獲虜令得逃亡歸以告豐豐卽悉其軍西邀彭彭乃潛兵度沔水擊其將張楊於阿頭山大破之沔水源出武都東狼谷中卽漢水之上源也阿頭山在襄陽也從川谷閒伐木開道直襲黎丘擊破諸屯兵豐聞大驚馳歸救之彭與諸將依東山爲營豐與蔡宏夜攻彭彭豫爲之備出兵逆擊之豐敗走追斬蔡宏更封彭

為舞陰侯秦豐相趙京舉宜城降拜為成漢將軍與彭共圍豐於黎丘時田戎擁衆夷陵東觀記曰田戎西平人與同郡人陳義客夷陵為羣盜更始元年義戎將兵陷夷陵陳義自稱黎丘大將軍戎自稱埽地大將軍襄陽耆舊記曰戎號周成王義稱臨江王聞秦豐被圍懼大兵方至欲降而妻兄辛臣諫戎曰今四方豪桀各據郡國洛陽地如掌耳續漢書曰辛臣為戎作地圖圖彭寵張步董憲公孫述等所分郡國云洛陽所得如掌耳不如按甲以觀其變戎曰以秦王之彊猶為征南所圍豈況吾邪降計決矣四年春戎乃留辛臣守夷陵自將兵沿江泝沔止黎丘刻期日當降而辛臣於後盜戎珍寶從閒道先降於彭而以書招戎戎疑必賣己遂不敢降東觀記曰戎至期日灼龜卜降兆中柝遂止不降而反與秦豐合彭出兵攻戎數月大破之其大將伍公詣彭降戎亡歸夷陵帝幸黎丘勞軍封彭吏士有功者百餘人彭攻秦豐三歲斬首九萬餘級豐餘兵裁千人又城中食且盡帝以豐轉弱令朱祜代彭守之使彭與傅俊南擊田戎大破之遂拔夷陵追至秭歸秭歸縣名今歸州解見和紀戎

與數十騎亡入蜀盡獲其妻子士衆數萬人彭以將伐蜀漢而夾川穀少水險難漕運留威虜將軍馮駿軍江州江州縣名今渝州巴縣也東觀記曰長沙中尉馮駿將兵詣彭璽書拜駿爲威虜將軍都尉田鴻軍夷陵領軍李玄軍夷道自引兵還屯津鄉當荊州要會津鄉縣名所謂江津也東觀記曰津鄉當荊揚之咽喉喻告諸蠻夷降者奏封其君長初彭與交阯牧鄧讓厚善與讓書陳國家威德東觀記曰讓夫人光烈皇后姊也又遣偏將軍屈充移檄江南班行詔命於是讓與江夏太守侯登武陵太守王堂長沙相韓福桂陽太守張隆零陵太守田翕蒼梧太守杜穆交阯太守錫光等相率遣使貢獻悉封爲列侯或遣子將兵助彭征伐續漢書曰張隆遣子曄將兵詣彭助征伐上以曄爲率義侯不總遣子故言或於是江南之珍始流通焉六年冬徵彭詣京師數召讌見厚加賞賜復南還津鄉有詔過家上冢大長秋以朔望問太夫人起居大長秋皇后屬官漢法列侯之母方稱太夫人也八年彭引兵從車駕破天水與吳漢圍隗囂於西城時公孫述將李育將兵救囂

守上邽帝聞蓋延耿弇圍之而車駕東歸勑彭書曰兩城若下便可將兵南擊蜀虜人苦不知足既平隴復望蜀每一發兵頭鬢為白彭遂壅谷水灌西城城未没丈餘東觀記曰時以縑囊盛土為堤灌西城谷水從地中數丈涌出故城不拔續漢書云以縑盛土為堤囂將行巡周宗將蜀救兵到囂得出還冀漢軍食盡燒輜重引兵下隴延弇亦相隨而退囂出兵尾擊諸營彭殿為後拒尾謂尋其後而擊之凡軍在前曰啓在後曰殿東觀記曰彭東入弘農界百姓持酒肉迎軍曰蒙將軍為後拒全子弟得生還也故諸將能全師東歸彭還津鄉九年公孫述遣其將任滿田戎程汎將數萬人乘枋箄下江關枋箄以竹木為之浮於水上爾雅曰舫泭也郭景純曰水中𥴦筏也華陽國志曰巴楚相攻故置江關舊在赤甲城後移在江南岸對白帝城故基在今夔州魚復縣南枋即舫字古通用耳箄音步佳反泭音匹俱反擊破馮駿及田鴻李玄等遂拔夷道夷陵據荆門虎牙解見光武紀橫江水起浮橋鬬樓立欑柱絕水道結營山上以拒漢兵彭數攻之不利於是裝直進樓船冒突露橈數千艘並船名樓船之上施樓橈小檝也爾雅曰檝謂之橈露橈謂露檝在外人在船中冐突取其觸冐而唐突也橈音饒十一年春彭與吳漢及誅虜將軍劉隆輔威

將軍臧宮驍騎將軍劉歆發南陽武陵南郡兵又發桂陽零陵長沙委輸棹卒凡六萬餘人（棹卒持棹行船也東觀記作濯前書鄧通以濯船爲黃頭郎濯音直教反）騎五千匹皆會荆門吳漢以三郡棹卒多費糧穀欲罷之彭以蜀兵盛不可遣上書言狀帝報彭曰大司馬習用步騎不曉水戰荆門之事一由征南公爲重而已彭乃令軍中募攻浮橋先登者上賞於是偏將軍魯奇應募而前時天風狂急彭奇船逆流而上直衝浮橋而攢柱鉤不得去（續漢書曰時天東風其攢柱有反杷鉤奇船不得去）奇等乘埶殊死戰因飛炬焚之風怒火盛橋樓崩燒彭復悉軍順風竝進所向無前蜀兵大亂溺死者數千人斬任滿生獲程汎而田戎亡保江州彭上劉隆爲南郡太守自率臧宮劉歆長驅入江關令軍中無得虜掠所過百姓皆奉牛酒迎勞彭見諸耆老爲言大漢哀愍巴蜀久見虜役故興師遠伐以討有罪爲人除害讓不受其牛酒百姓皆大喜悅爭開門降

詔彭守益州牧所下郡輒行太守事[東觀記曰彭若出界即以太守號付後將軍選官屬守州中長史]彭到江州㠯田戎食多難卒拔留馮駿守之自引兵乘利直指墊江攻破平曲[墊江縣名屬巴郡今忠州縣也墊音徒協反平曲地闕]收其米數十萬石公孫述使其將延岑呂鮪王元及其弟恢悉兵拒廣漢及資中[資中縣名屬犍爲郡其地在今資州資陽縣]又遣將侯丹率二萬餘人拒黃石彭乃多張疑兵使護軍楊翕與臧宮拒延岑等自分兵浮江下還江州泝都江而上[都江成都江也]襲擊侯丹大破之因晨夜倍道兼行二千餘里徑拔武陽[武陽解見光武紀]使精騎馳廣都[廣都縣名屬蜀郡故城在今益州成都縣東南]去成都數十里埶若風雨所至皆奔散初述聞漢兵在平曲故遣大兵逆之及彭至武陽遶出延岑軍後蜀地震駭述大驚㠯杖擊地曰是何神也彭所營地名彭亾聞而惡之欲徙會日暮蜀刺客詐爲亾奴降夜刺殺彭彭首破荆門長驅武陽持軍整齊秋毫無犯[毫毛也秋毛喻細也高祖曰吾入關秋毫無所取]邛穀王任貴聞彭威信數千

里遣使迎降前書音義曰任貴越巂夷殺太守枚根自立為邛穀王會彭已薨帝盡以任貴所獻賜彭妻子謚曰壯侯蜀人憐之爲立廟武陽歲時祠焉子遵嗣徙封細陽侯細陽縣名屬汝南郡故城在今潁川汝陰縣西十三年帝思彭功復封遵弟淮爲穀陽侯穀陽縣名屬沛郡遵永平中爲屯騎校尉遵卒子伉嗣伉音口葬反伉卒子杞嗣東觀記曰杞作起元初中坐事免元初三年坐事失國建光元年安帝復封杞細陽侯順帝時爲光祿勳杞卒子熙嗣尚安帝妹湼陽長公主少爲侍中虎賁中郎將朝廷多稱其能遷魏郡太守魏郡秦時置故城在今相州安陽縣東北招聘隱逸與參政事無爲而化視事二年輿人歌之曰我有枳棘岑君伐之枳棘多榛梗以喻寇盜充斥也我有蟊賊岑君遏之蟊賊食禾稼蟲名以喻姦吏侵漁也狗吠不驚足下生氂氂長毛也犬無追吠故足下生氂含哺鼓腹焉知凶災哺食也鼓擊也我喜我生獨丁斯時丁猶當也美矣岑君於戲休茲於戲歎美之詞見爾雅於音烏戲音許宜反熙卒子福嗣爲黃門侍郎

賈復字君文南陽冠軍人也少好學習尚書事舞陰李生李生奇

之謂門人曰賈君之容貌志氣如此而勤於學將相之器也王莽末為縣掾迎鹽河東會遇盜賊等比十餘人皆放散其鹽復獨完以還縣縣中稱其信時下江新市兵起復亦聚衆數百人於羽山自號將軍更始立乃將其衆歸漢中王劉嘉以為校尉復見更始政亂諸將放縱乃說嘉曰臣聞圖堯舜之事而不能至者湯武是也堯禪舜舜禪禹湯乃放桀武王誅紂故言不能至者圖湯武之事而不能至者桓文是也齊桓公小白晉文公重耳春秋之時周衰二君霸有海內圖桓文之事而不能至者六國是也六國謂韓趙魏燕齊楚分裂中夏各自跨據又不逮桓文定六國之規欲安守之而不能至者亡六國是也今漢室中興大王以親戚為藩輔天下未定而安守所保所保得無不可保乎嘉曰卿言大非吾任也大司馬劉公在河北不能相施弟持我書往施用也弟但也復遂辭嘉受書北渡河及光武於柏人因鄧禹得召見光武奇之禹亦稱有將帥節於是署復破虜將軍督盜賊復馬羸羸力佳反光

武解左驂以賜之驂者服外之馬也東觀記續漢書左並作右官屬以復後來而好陵折等輩調補鄗尉光武曰賈督有折衝千里之威方任以職勿得擅除東觀記曰時上置兩府官屬復與段孝共坐孝謂復曰卿將軍督我大司馬督不得共坐復曰俱劉公吏有何尊卑官屬以復不遜上調官屬補長吏共白欲以復爲鄗尉上署報不許也光武至信都以復爲偏將軍及拔邯鄲遷都護將軍從擊青犢於射犬大戰至日中賊陳堅不卻光武傳召復曰吏士皆飢可且朝飯復曰先破之然後食耳於是被羽先登被猶負也析羽爲旌旗將軍所執先登先赴敵也所向皆靡賊乃敗走諸將咸服其勇又北與五校戰於眞定大破之復傷創甚光武大驚曰我所以不令賈復別將者爲其輕敵也果然失吾名將聞其婦有孕生女邪我子娶之生男邪我女嫁之不令其憂妻子也復病尋愈追及光武於薊相見甚懽大饗士卒令復居前擊鄴賊破之光武即位拜爲執金吾封冠軍侯先度河攻朱鮪於洛陽與白虎公陳僑戰連破降之建武二年益封穰朝陽二縣更

始鄧王尹尊及諸大將在南方未降者尚多帝召諸將議兵事未有言沈吟久之乃以檄叩地曰鄧最彊宛爲次誰當擊之復卒然對曰臣請擊鄧帝笑曰執金吾擊鄧吾復何憂大司馬當擊宛遂遣復與騎都尉陰識驍騎將軍劉植南度五社津擊鄧連破之月餘尹尊降盡定其地引東擊更始淮陽太守暴汜汜降屬縣悉定其秋南擊召陵新息平定之（新息縣名屬汝南郡故城在今豫州新息縣西南也）明年春遷左將軍別擊赤眉於新城澠池閒連破之（新城今伊闕縣）與帝會宜陽降赤眉復從征伐未嘗喪敗數與諸將潰圍解急身被十二創帝以復敢深入希令遠征而壯其勇節常自從之故復少方面之勳（東觀記曰吳漢擊蜀未破上書請復自助上不遣）諸將每論功自伐復未嘗有言帝輒曰賈君之功我自知之十三年定封膠東侯食郁秩壯武下密即墨挺胡觀陽凡六縣（六縣皆屬膠東國壯武故城在今萊州即墨縣西下密在今青州北海縣東北即墨在今萊州膠水縣東南挺胡故城在今萊州昌黎縣西北觀陽在昌陽縣東挺一音廷）復知帝欲

偃干戈修文德不欲功臣擁衆京師乃與高密侯鄧禹竝剽甲兵敦儒學（廣雅曰剽削也謂削除甲兵東觀記曰復闔門養威重授易經起大義）帝深然之遂罷左右將軍復以列侯就第加位特進（東觀記曰上以天下既定思念欲完功臣爵土不令以吏職為過故皆以列侯就第也）復為人剛毅方直多大節既還私第闔門養威重朱祜等薦復宜為宰相帝方以吏事責三公故功臣竝不用是時列侯唯高密固始膠東三侯與公卿參議國家大事恩遇甚厚（高密侯鄧禹固始侯李通）三十一年卒諡曰剛侯子忠嗣忠卒子敏嗣建初元年坐誣告母殺人國除肅宗更封復小子邯為膠東侯邯弟宗為即墨侯各一縣邯卒子育嗣育卒子長嗣

宗字武孺少有操行多智略初拜郎中稍遷建初中為朔方太守舊內郡徙人在邊者率多貧弱為居人所僕役不得為吏宗擢用其任職者與邊吏參選轉相監司以擿發其姦或以功次補長吏故各願盡死匈奴畏之不敢入塞（東觀記曰匈奴常犯塞得生口問太守為誰曰賈武孺曰盜賈將軍子邪曰是皆放遣還是後

更不入塞徵爲長水校尉宗兼通儒術每讌見常使與少府丁鴻等論議於前章和二年卒朝廷愍惜焉子參嗣參卒子建嗣元初元年尙和帝女臨潁長公主主兼食潁陰許合三縣數萬戶時鄧太后臨朝光寵最盛㠯建爲侍中順帝時爲光祿勳

論曰中興將帥立功名者眾矣唯岑彭馮異建方面之號自函谷㠯西方城㠯南方城山名一名黃城山在今唐州方城縣東北也兩將之功實爲大焉若馮賈之不伐岑公之義信信謂朱鮪知其誠而降義謂荆人奉牛酒讓不受乃足㠯感三軍而懷敵人故能尅成遠業終全其慶也昔高祖忌柏人之名違之㠯全福征南惡彭亾之地留之㠯生災柏人縣名也高祖嘗欲宿於柏人曰柏人者迫於人也不宿而去後竟有貫高之事豈幾慮自有明惑將期數使之然乎

贊曰陽夏師克實在和德膠東鹽吏征南宛賊奇鋒震敵遠圖謀國

馮岑賈列傳第七　後漢書十七

吳蓋陳臧列傳第八　後漢書十八

唐章懷太子賢注

吳漢字子顏南陽宛人也家貧給事縣爲亭長王莽末以賓客犯法乃亡命至漁陽命名也謂脫其名籍而逃亡資用乏以販馬自業往來燕薊間所至皆交結豪桀更始立使使者韓鴻徇河北續漢書曰雒陽人韓鴻爲謁者使持節降河北拜除二千石或謂鴻曰吳子顏奇士也可與計事鴻召見漢甚悅之遂承制拜爲安樂令安樂縣名屬漁陽郡故城在今幽州潞縣西北會王郎起北州擾惑漢素聞光武長者獨欲歸心乃說太守彭寵曰漁陽上谷突騎天下所聞也君何不合二郡精銳附劉公擊邯鄲此一時之功也一時言不可再遇也寵以爲然而官屬皆欲附王郎寵不能奪漢乃辭出止外亭念所以譎衆未知所出譎詐也未知欲出何計以詐也望見道中有一人似儒生者漢使人召之爲具食續漢書曰時道路多飢人來求食者似儒生漢召故先爲具食問以所聞生因言劉公所過爲郡縣所歸邯鄲

舉尊號者實非劉氏漢大喜即詐爲光武書移檄漁陽使生齎以詣寵令具以所聞說之漢復隨後入寵甚然之於是遣漢將兵與上谷諸將并軍而南所至擊斬王郎將帥續漢書曰攻薊誅王郎大將趙閎等及光武於廣阿拜漢爲偏將軍旣拔邯鄲續漢書曰時上使漢等將突騎揚兵戲馬士騎馳環邯鄲城乃圍之賜號建策侯漢爲人質厚少文造次不能以辭自達鄧禹及諸將多知之數相薦舉乃得召見遂見親信常居門下光武將發幽州兵夜召鄧禹問可使行者禹曰閒數與吳漢言其人勇鷙有智謀廣雅曰鷙執也凡鳥之勇銳獸之猛悍者皆名鷙也諸將鮮能及者即拜漢大將軍持節北發十郡突騎更始幽州牧苗曾聞之陰勒兵敕諸郡不肯應調調發也漢乃將二十騎先馳至無終無終本山戎國也無終山名因爲國號漢爲縣名屬右北平故城在今幽州漁陽縣也曾以漢無備出迎於路漢即撝兵騎收曾斬之而奪其軍北州震駭城邑莫不望風弭從弭猶服也遂悉發其兵引而南與光武會清陽諸將望見漢還士馬甚盛皆

曰是盜肯分兵與人邪及漢至莫府上兵簿（莫大也兵簿軍士之名帳）諸將人人多請之光武曰屬者恐不與人（屬猶近也）今所請又何多也諸將皆慙初更始遣尚書令謝躬率六將軍攻王郎不能下會光武至共定邯鄲而躬裨將虜掠不相承稟光武深忌之雖俱在邯鄲遂分城而處然每有以慰安之躬勤於職事光武常稱曰謝尚書眞吏也故不自疑躬旣而率其兵數萬還屯於鄴時光武南擊青犢謂躬曰我追賊於射犬必破之尤來在山陽者埶必當驚走若以君威力擊此散虜必成禽也躬曰善及青犢破而尤來果北走隆慮山躬乃留大將軍劉慶魏郡太守陳康守鄴自率諸將軍擊之窮寇死戰其鋒不可當躬遂大敗死者數千人光武因躬在外乃使漢與岑彭襲其城漢先令辯士說陳康曰蓋聞上智不處危以僥倖（僥猶求也）中智能因危以爲功下愚安於危以自亾危亾之至在人所由不可

不察今京師敗亂四方雲擾公所聞也蕭王兵強士附河北歸命公所見也謝躬內背蕭王外失衆心公所知也今公據孤危之城待滅亡之禍義無所立節無所成不若開門內軍轉禍爲福免下愚之敗收中智之功此計之至者也康然之於是康收劉慶及躬妻子開門內漢等及躬從隆慮歸鄴不知康已反之乃與數百騎輕入城漢伏兵收之手擊殺躬其衆悉降續漢書曰時岑彭已在城中將躬詣傳舍出白漢漢至躬在彭前伏漢曰何故與鬼語遂殺之躬字子張南陽人初其妻知光武不平之常戒躬曰君與劉公積不相能而信其虛談不爲之備終受制矣躬不納故及於難光武北擊羣賊續漢書曰從擊銅馬重連高胡皆破之漢常將突騎五千爲軍鋒數先登陷陳及河北平漢與諸將奉圖書上尊號光武卽位拜爲大司馬更封舞陽侯建武二年春漢率大司空王梁建義大將軍朱祐大將軍杜茂執金吾賈復揚化將軍堅鐔偏將軍王霸騎都尉劉隆

馬武陰識共擊檀鄉賊於鄴東漳水上大破之（水經曰漳水源出上黨長子縣西發鳩山東北至昌亭與虖沱河合）降者十餘萬人帝使使者璽書定封漢爲廣平侯食廣平斥漳曲周廣年凡四縣（四縣皆屬廣平郡廣平故城在今洺州永年縣西北廣年在今永年縣東北斥漳在今洺州洺水縣曲周故城在今洺州曲州縣西南廣年避煬帝諱故改爲永年縣）復率諸將擊鄴西山賊黎伯卿等及河內修武悉破諸屯聚車駕親幸撫勞復遣漢進兵南陽擊宛涅陽酈穰新野諸城皆下之引兵南與秦豐戰黃郵水上破之（南陽新野縣有黃郵水黃郵聚也）又與偏將軍馮異擊昌城五樓賊張文等又攻銅馬五幡於新安皆破之明年春率建威大將軍耿弇虎牙大將軍蓋延擊青犢於軹西大破降之又率驃騎大將軍杜茂彊弩將軍陳俊等圍蘇茂於廣樂劉永將周建別招聚收集得十餘萬人救廣樂漢將輕騎迎與之戰不利墯馬傷膝還營建等遂連兵入城諸將謂漢曰大敵在前而公傷臥衆心懼矣漢乃勃然裹創而起椎牛饗士令軍中曰賊衆

雖多皆劫掠羣盜勝不相讓敗不相救此上兩句在左傳鄭大夫公子突之詞也非有仗節死義者也今日封侯之秋諸君勉之於是軍士激怒人倍其氣旦日建茂出兵圍漢漢選四部精兵黃頭吳河等前書鄧通爲黃頭郎音義曰土勝水故刺船郎著黃帽號黃頭也及烏桓突騎三千餘人齊鼓而進續漢書曰漢躬被甲拔戟令諸部將曰聞雷鼓聲皆大呼俱大進後至者斬遂鼓而進之建軍大潰反還奔城漢長驅追擊爭門竝入大破之茂建突走漢留杜茂陳俊等守廣樂自將兵助蓋延圍劉永於睢陽永既死二城皆降明年又率陳俊及前將軍王梁擊破五校賊於臨平追至東郡箕山大破之北擊清河長直及平原五里賊皆平之東觀記及續漢書長直竝作長垣按長垣縣名在河南不得言北擊而范書作長直當是賊號或因地以爲名時鬲縣五姓共逐守長據城而反鬲縣名屬平原郡故城在今德州西北五姓蓋當土彊宗豪右也鬲音革諸將爭欲攻之漢不聽曰使鬲反者皆守長罪也敢輕冒進兵者斬乃移檄告郡使收守長而使人謝城中五姓大喜即相率歸降諸將乃服曰不戰而下城非衆所及也冬漢

率建威大將軍耿弇漢中將軍王常等擊富平獲索二賊於平原明年春賊率五萬餘人夜攻漢營軍中驚亂漢堅卧不動有頃乃定卽夜發精兵出營突擊大破其衆因追討餘黨遂至無鹽無鹽縣名屬東平國故城在今鄆州東進擊渤海皆平之又從征董憲圍朐城明年春拔朐朐縣名解見光武紀斬憲事已見劉永傳東方悉定振旅還京師會隗囂畔夏復遣漢西屯長安八年從車駕上隴遂圍隗囂於西城帝勑漢曰諸郡甲卒俱坐費糧食若有逃亡則沮敗衆心宜悉罷之漢等貪并力攻囂遂不能遣糧食日少吏士疲役逃亡者多及公孫述救至漢遂退敗十一年春率征南大將軍岑彭等伐公孫述及彭破荆門長驅入江關漢留夷陵裝露橈船橈短檝也音人遙反將南陽兵及弛刑募士三萬人泝江而上會岑彭爲刺客所殺漢并將其軍十二年春與公孫述將魏黨公孫永戰於漁涪津大破之續漢書曰犍爲郡南安縣有漁涪津在縣北臨大江南中志曰

漁涪津廣數百步遂圍武陽述遣子壻史興將五千人救之漢迎擊興盡殄其衆因入犍爲界諸縣皆城守漢乃進軍攻廣都拔之遣輕騎燒成都市橋橋名也解見公孫述傳武陽以東諸小城皆降帝戒漢曰成都十餘萬衆不可輕也但堅據廣都待其來攻勿與爭鋒若不敢來公轉營迫之須其力疲乃可擊也漢乘利遂自將步騎二萬餘人進逼成都去城十餘里阻江北爲營作浮橋使副將武威將軍劉尙東觀記續漢書尙字並作禹將萬餘人屯於江南相去二十餘里帝聞大驚讓漢曰比勑公千條萬端何意臨事勃亂旣輕敵深入又與尙別營事有緩急不復相及賊若出兵綴公以大衆攻尙尙破公卽敗矣幸無它者急引兵還廣都詔書未到述果使其將謝豐袁吉將衆十許萬分爲二十餘營并出攻漢使別將萬餘人劫劉尙令不得相救漢與大戰一日兵敗走入壁豐因圍之漢乃召諸將厲之曰吾共諸君

踰越險阻轉戰千里所在斬獲遂深入敵地至其城下而今與劉尚二處受圍埶既不接其禍難量欲潛師就尚於江南并兵禦之若能同心一力人自爲戰大功可立如其不然敗必無餘成敗之機在此一舉諸將皆曰諾於是饗士秣馬閉營三日不出乃多樹旛旗使煙火不絶夜銜枚引兵與劉尚合軍豐等不覺明日乃分兵拒江北自將攻江南漢悉兵迎戰自旦至晡遂大破之斬謝豐袁吉獲甲首五千餘級於是引還廣都留劉尚拒述具以狀上而深自譴責帝報曰公還廣都甚得其宜述必不敢略尚而擊公也略猶過也若先攻尚公從廣都五十里悉步騎赴之適當值其危困破之必矣自是漢與述戰於廣都成都之間八戰八剋遂軍於其郭中述自將數萬人出城大戰漢使護軍高午唐邯將數萬鋭卒擊之述兵敗走高午奔陳刺述殺之事已見述傳旦日城降斬述首傳

送洛陽明年正月漢振旅浮江而下至宛詔令過家上冢賜穀二萬斛十五年復率揚武將軍馬成捕虜將軍馬武北擊匈奴徙鴈門代郡上谷吏人六萬餘口置居庸常關以東十八年蜀郡守將史歆反於成都自稱大司馬攻太守張穆穆踰城走廣都歆遂移檄郡縣而宕渠楊偉朐䏰徐容等宕渠朐䏰二縣名皆屬巴郡朐音劬䏰音忍宕渠山名因以名縣故城在今渠州流江縣東北俗名車騎城是也十三州志朐音春䏰音閏其地下溼多朐䏰蟲因以名縣故城在今夔州雲安縣西萬戶故城是也起兵各數千人以應之帝以歆昔為岑彭護軍曉習兵事故遣漢率劉尚及太中大夫臧宮將萬餘人討之漢入武都乃發廣漢巴蜀三郡兵圍成都百餘日城破誅歆等漢乃乘桴沿江下巴郡楊偉徐容等惶恐解散漢誅其渠帥二百餘人徙其黨與數百家於南郡長沙而還漢性彊力每從征伐帝未安恒側足而立諸將見戰陳不利或多惶懼失其常度漢意氣自若方整厲器械激揚士吏帝時遣人觀大司馬何

為還言方修戰攻之具乃歎曰吳公差彊人意隱若一敵國矣隱威重之貌言其威重若敵國前書周亞夫謂劇孟曰大將得之若一敵國矣每當出師朝受詔夕卽引道初無辦嚴之日嚴卽裝也避明帝諱故改之故能常任職以功名終及在朝廷斤斤謹質形於體貌爾雅曰明明斤斤察也李巡曰斤斤精詳之察也孫炎曰重愼之察也斤音靳漢嘗出征妻子在後買田業漢還讓之曰軍師在外吏士不足何多買田宅乎遂盡以分與昆弟外家東觀記曰漢但修里宅不起第夫人先死薄葬小墳不作祠堂也二十年漢病篤車駕親臨問所欲言對曰臣愚無所知識唯願陛下愼無赦而已及薨有詔悼愍賜諡曰忠侯東觀記曰有司奏議以武為諡詔特賜諡曰忠侯發北軍五校輕車介士送葬如大將軍霍光故事漢置南北軍五校尉解見順帝紀輕車兵車也介士甲士也霍光傳云以北軍五校尉輕車介士載光尸以轀輬車黃屋左纛軍陳至茂陵不以南軍者重之也子哀侯成嗣為奴所殺二十八年分漢封為三國成子旦為灈陽侯灈陽縣名屬汝南郡在灈水之陽因以為名其地今豫州吳房縣也音劬以奉漢嗣旦弟盱盱音火俱反為筑陽侯成弟國為新蔡侯筑陽縣名屬南陽郡古穀國也在筑水之陽故城在今襄州穀城縣西新蔡縣名屬汝南郡蔡平侯自蔡徙此故加新字今豫州縣也筑音逐旦卒無子國

除建初八年徙封盱爲平春侯（平春縣名屬江夏郡）以奉漢後盱卒子勝嗣初漢兄尉爲將軍從征戰死封尉子彤爲安陽侯（安陽縣名屬汝南郡古江國也故城在今豫州新息縣西南）帝以漢功大復封弟翕爲褒親侯吳氏侯者凡五國初漁陽都尉嚴宣與漢俱會光武於廣阿光武以爲偏將軍封建信侯（建信縣名屬千乘國）

論曰吳漢自建武世常居上公之位終始倚愛之親（差彊人意是倚之也遂見親信是愛之也）諒由質簡而彊力也子曰剛毅木訥近仁（論語文剛毅謂強而能斷木樸慤貌訥忍於言也四者皆仁之質若加文則成仁矣故言近仁）斯豈漢之方乎（方比也）昔陳平智有餘以見疑周勃質朴忠而見信（高祖謂呂后曰陳平智有餘然難獨任是見疑也又曰周勃重厚少文安劉氏者必勃是見信也）夫仁義不足以相懷則智者以有餘爲疑而朴者以不足取信矣（懷依也言若仁義之心足相依信則情無疑阻若彼此之誠未協仁義不足相依則智者翻以有餘見疑朴者以愚直取信）

蓋延字巨卿漁陽要陽人也（要陽縣名光武時省）身長八尺彎弓三百斤邊俗

尚勇力而延以氣聞歷郡列掾州從事所在職辦（古者三公下至郡縣皆有掾屬續漢志曰建武十八年立刺史十三人人主一州皆有從事史假佐每郡皆置諸曹掾郡中列掾非一延並爲之故言歷也漁陽屬幽州東觀記云延爲幽州從事）彭寵爲太守召延署營尉行護軍及王郎起延與吳漢同謀歸光武（續漢書曰并與狐奴令王梁同勸寵）延至廣阿拜偏將軍號建功侯從平河北光武即位以延爲虎牙將軍建武二年更封安平侯遣南擊敖倉轉攻酸棗封丘皆拔（酸棗封丘二縣名屬陳留郡酸棗故城在今滑州縣也封丘故城在今汴州縣也）其夏督驸馬都尉馬武騎都尉劉隆護軍都尉馬成偏將軍王霸等南伐劉永先攻拔襄邑（續漢書曰時劉永別將許德據襄邑延攻而拔之）進取麻鄉（麻鄉縣名故城在今宋州碭山縣東北）遂圍永於睢陽數月盡收野麥夜梯其城入永驚懼引兵走出東門（東觀記云走出魚門然則東門名魚門也）延追擊大破之永棄軍走譙延進攻拔辥斬其魯郡太守（辥縣名屬魯國故城在今徐州滕縣東南東觀記曰魯郡太守梁丘壽也）而彭城扶陽杼秋蕭皆降（扶陽縣名屬沛郡杼秋縣名屬梁國故城在今徐州蕭縣西北杼食汝反）又破永沛郡太守斬之（東觀記曰沛郡太守陳修）永將蘇茂佼彊周建等三萬餘人（佼彊姓名也周大夫原伯佼之後也）救永共

攻延與戰於沛西大破之永軍亂遁沒溺死者太半永棄城走湖陵蘇茂奔廣樂延遂定沛楚臨淮修高祖廟置嗇夫祝宰樂人（楚今彭城縣也臨淮郡名今泗州下邳縣高祖廟在今徐州沛縣東故泗水亭中卽高祖爲亭長之所也嗇夫主知廟事東觀記曰時葢延因齋戒祠高祖廟）三年睢陽復反城迎劉永（反音翻）延復率諸將圍之百日收野穀永乏食突走延追擊盡得輜重永爲其將所殺永弟防舉城降四年春延又擊蘇茂周建於蘄（蘄縣名屬沛郡有大澤鄉蘄音機）進與董憲戰留下皆破之（留縣名屬楚國故城在今徐州沛縣東南）因率平敵將軍龐萌攻西防拔之（西防縣名春秋時宋之西防城故城在今宋州單父縣北）復追敗周建蘇茂於彭城茂建亡奔董憲將賁休舉蘭陵城降（前書有賁赫音肥今有此姓賁音奔）憲聞之自郯圍休時延及龐萌在楚請往救之帝勅曰可直往擣郯則蘭陵必自解（擣擊也東觀記作擊字）延等以賁休城危遂先赴之憲逆戰而陽敗延等遂逐退因拔圍入城明日憲大出兵合圍延等懼遽出突走因往攻郯帝讓之曰間欲先赴郯者以不意故耳今既奔走賊計

巳立圍豈可解乎延等至郯果不能克而董憲遂拔蘭陵殺賁休延等往來要擊憲別將於彭城郯邳之間戰或日數合頗有剋獲帝以延輕敵深入數以書誡之東觀記載延上疏辭曰臣幸得受干戈誅逆虜奉職未稱久留天誅常恐汙辱名號不及等倫天下平定巳後曾無尺寸可數不得預竹帛之編明詔深閔微戒備具每事奉循詔命必不敢爲國之憂也及龐萌反攻殺楚郡太守引軍襲敗延延走北度泗泗水破舟檝壞津梁僅而得免東觀記續漢書皆云萌攻延延與戰破之詔書勞延曰龐萌一夜反畔相去不遠營壁不堅殆令人齒欲相擊而將軍有不可動之節吾甚美之此傳言僅而得免與彼不同帝自將而東徵延與大司馬吳漢漢忠將軍王常前將軍王梁捕虜將軍馬武討虜將軍王霸等會任城討龐萌於桃鄉又竝從征董憲於昌慮皆破平之六年春遣屯長安九年隗囂死延西擊街泉略陽清水諸屯聚皆定街泉略陽清水三縣皆屬天水郡十一年與中郎將來歙攻河池未剋以病引還拜爲左馮翊將軍如故續漢書曰視事四年人敬其威信十三年增封定食萬戶十五年薨於位子扶嗣扶卒子側嗣永平十三年坐與舅王平謀反伏誅

國除永初七年鄧太后紹封延曾孫恢爲蘆亭侯（東觀記作盧亭）恢卒子遂嗣

陳俊字子昭南陽西鄂人也（江夏郡有鄂故此加西也故城在今鄧州向城縣南也）少爲郡吏更始立以宗室劉嘉爲太常將軍俊爲長史光武徇河北嘉遣書薦俊光武以爲安集掾（東觀記曰俊初調補曲陽長上曰欲與君爲左右小縣何足貪乎俊即拜解印綬上以爲安集掾）從擊銅馬於清陽進至滿陽拜彊弩將軍（華嶠書曰拜爲彊弩偏將軍賜絳衣九百領以衣中堅同心士）與五校戰於安次俊下馬手接短兵所向必破追奔二十餘里斬其渠帥而還光武望而歎曰戰將盡如是豈有憂哉五校引退入漁陽所過虜掠俊言於光武曰宜令輕騎出賊前使百姓各自堅守壁以絕其食可不戰而殄也光武然之遣俊將輕騎馳出賊前視人保壁堅完者敕令固守放散在野者因掠取之賊至無所得遂散敗及軍還光武謂俊曰困此虜者將軍策也及即位封俊爲列侯建武二年春

攻匡賊下四縣（匡賊卽匡城縣賊也東觀記作匡城賊匡城古匡邑也故城在今滑州匡城縣南）更封新處侯（新處縣名屬中山國）引擊頓丘降三城（頓丘縣名屬東郡故城在今魏州頓丘縣北陰安城是也）其秋大司馬吳漢承制拜俊爲彊弩大將軍別擊金門白馬賊於河內皆破之（金門白馬並山名在今洛州福昌縣西南有金門白馬水葢賊起於二水因以爲名）四年轉徇汝陽及項又拔南武陽（南武陽縣名屬泰山郡故城在今沂州費縣西）是時太山豪桀多擁衆與張步連兵吳漢言於帝曰非陳俊莫能定此郡於是拜俊太山太守行大將軍事張步聞之遣其將擊俊戰於嬴下（嬴縣名屬太山郡嬴音盈）俊大破之追至濟南收得印綬九十餘（步時擬私封爵人之印綬）稍攻下諸縣遂定太山五年與建威大將軍耿弇共破張步事在弇傳時琅邪未平乃徙俊爲琅邪太守領將軍如故齊地素聞俊名入界盜賊皆解散俊將兵擊董憲於贛榆（贛榆縣名屬東海郡贛音貢）進破朐賊孫陽平之八年張步畔還琅邪俊追討斬之帝美其功詔俊得專征青徐（華嶠書曰賜俊璽書曰將軍元勳大著威震青徐兩州有警得專征之）俊得撫貧弱表有義檢制軍吏不得

與郡縣相干百姓歌之數上書自請願奮擊隴蜀詔報曰東州新平大將軍之功也負海猾夏盜賊之處國家已爲重憂且勉鎭撫之十三年增邑定封祝阿侯祝阿縣名屬平原郡明年徵奉朝請二十三年卒子浮嗣徙封蘄春侯蘄春今蘄州縣也東觀記曰詔書以祝阿益濟南國故徙浮封蘄春侯蘄音祈浮卒子專諸嗣專諸卒子篤嗣

臧宮字君翁潁川郟人也郟縣名今汝州郟城縣也少爲縣亭長游徼續漢書曰每十里一亭亭有長以禁盜賊每鄉有游徼掌循禁姦盜也後率賓客入下江兵中爲校尉因從光武征戰諸將多稱其勇光武察宮勤力少言甚親納之及至河北以爲偏將軍從破羣賊數陷陳卻敵光武即位以爲侍中騎都尉建武二年封成安侯成安縣名屬潁川郡明年將突騎與征虜將軍祭遵擊更始將左防韋顏華嶠書韋彥字作韓於沮陽酈悉降之三年將兵徇江夏擊代鄉鍾武竹里皆下之鍾武縣名屬江夏郡故城在今申州鍾山縣西南帝使大中大夫華嶠書曰使張明也持節拜宮爲輔威

將軍七年更封期思侯期思縣名屬汝南郡故城在今光州固始縣西北擊梁郡濟陰皆平之十一年將兵至中盧屯駱越中盧縣名屬南郡故城在今襄州襄陽縣南蓋駱越人徙於此因以爲名是時公孫述將田戎任滿與征南大將軍岑彭相拒於荆門彭等戰數不利越人謀畔從蜀宮兵少力不能制會屬縣送委輸車數百乘至宮夜使鋸斷城門限令車聲回轉出入至旦越人候伺者聞車聲不絕而門限斷相告以漢兵大至其渠帥乃奉牛酒以勞軍營宮陳兵大會擊牛釃酒饗賜慰納之釃音所宜反說文曰下酒也詩注曰以筐曰釃也越人由是遂安宮與岑彭等破荆門別至垂鵲山通道出秭歸至江州岑彭下巴郡使宮將降卒五萬從涪水上平曲公孫述將延岑盛兵於沅水沅水出廣漢解見光武紀時宮衆多食少轉輸不至而降者皆欲散畔郡邑復更保聚觀望成敗宮欲引還恐爲所反反音翻會帝遣謁者將兵詣岑彭有馬七百匹宮矯制取以自益晨夜進兵多張旗幟登山鼓譟右步左騎

挾船而引呼聲動山谷岑不意漢兵卒至登山望之大震恐宮因從擊大破之斬首溺死者萬餘人水爲之濁流延岑奔成都其衆悉降盡獲其兵馬珍寶華嶠書曰上璽書勞宮賜吏士縑縑六千匹自是乘勝追北降者以十萬數人好陽而惡陰北方幽陰之地故軍敗者皆謂之北史記樂書曰北者敗也而近代音北爲背失其指矣軍至平陽鄉蜀將王元舉衆降進拔綿竹破涪城斬公孫述弟恢復攻拔繁郫繁縣名屬蜀郡繁江名因以爲縣名故城在今益州新繁縣北郫縣名屬蜀郡故城在今益州郫縣北郫音皮前後收得節五印綬千八百是時大司馬吳漢亦乘勝進營逼成都宮連屠大城兵馬旌旗甚盛乃乘兵入小雒郭門歷成都城下張載注蜀都賦云漢武帝元鼎二年立成都郭十八門小雒郭門蓋其數焉至吳漢營飲酒高會漢見之甚歡謂宮曰將軍向者經虜城下震揚威靈風行電照然窮寇難量還營願從它道矣宮不從復路而歸賊亦不敢近之進軍咸門成都北面東頭門與吳漢竝滅公孫述帝以蜀新定拜宮爲廣漢太守十三年增邑更封酇侯十五年徵還京師以列侯奉朝請

定封朗陵侯朗陵縣名屬汝南郡故城在今豫州朗山縣西南十八年拜太中大夫十九年妖巫維汜弟子單臣傅鎮等復妖言相聚入原武城維或作緱劫吏人自稱將軍於是遣宮將北軍及黎陽營數千人圍之賊穀食多數攻不下士卒死傷帝召公卿諸侯王問方略皆曰宜重其購賞時顯宗爲東海王獨對曰妖巫相劫執無久立其中必有悔欲亾者但外圍急不得走耳宜小挺緩挺解也令得逃亾逃亾則一亭長足以禽矣帝然之卽勑宮徹圍緩賊賊衆分散遂斬臣鎮等宮還遷城門校尉復轉左中郎將擊武谿賊至江陵降之武谿水名在今辰州盧谿縣宮以謹信質樸故常見任用後匈奴飢疫自相分爭帝以問宮宮曰願得五千騎以立功帝笑曰常勝之家難與慮敵吾方自思之二十七年宮乃與楊虛侯馬武上書曰匈奴貪利無有禮信窮則稽首安則侵盜緣邊被其毒痛內國憂其抵突抵觸也虜今人畜疫死旱蝗赤地赤地言在

地之物皆盡說苑曰晉平公時赤地千里疲困之力不當中國一郡萬里死命縣在陛下福不再來時或易失左傳曰大福不再蒯通曰時者難遇而易失也豈宜固守文德而墮武事乎今命將臨塞厚縣購賞喻告高句驪烏桓鮮卑攻其左發河西四郡謂張掖酒泉武威金城也天水隴西羌胡擊其右如此北虜之滅不過數年臣恐陛下仁恩不忍謀臣狐疑令萬世刻石之功不立於聖世詔報曰黃石公記曰柔能制剛弱能制彊即張良於下邳圯所見老父出一編書者柔者德也剛者賊也弱者仁之助也彊者怨之歸也故曰有德之君以所樂樂人無德之君以所樂樂身樂人者其樂長樂身者不久而亡舍近謀遠者勞而無功舍遠謀近者逸而有終逸政多忠臣勞政多亂人故曰務廣地者荒務廣德者彊有其有者安貪人有者殘殘滅之政雖成必敗今國無善政災變不息左傳曰國無善政則自取謫於日月之災百姓驚惶人不自保而復欲遠事邊外乎孔子曰吾恐季孫之憂不在顓臾顓臾魯附庸之國魯卿季氏貪其土地欲

伐而兼之時孔子弟子冉有仕於季氏孔子責之冉有曰今夫顓臾固而近季氏之邑今不取恐爲子孫之憂孔子曰吾恐季孫之憂不在顓臾而在蕭牆之內也且北狄尚彊而屯田警備傳聞之事恒多失實公羊傳曰見者異辭聞者異辭傳聞者異辭誠能舉天下之半以滅大寇豈非至願苟非其時不如息人自是諸將莫敢復言兵事者宮永平元年卒謚曰愍侯子信嗣信卒子震嗣震卒子松嗣元初四年與母別居國除永寧元年鄧太后紹封松弟由爲朗陵侯

論曰中興之業誠艱難也然敵無秦項之彊人資附漢之思雖懷璽紆紱跨陵州縣璽解見光武紀白虎通曰天子朱紱諸侯赤紱上廣一尺下廣二尺法天一地二也長三尺法天地人也董巴輿服志曰古者上下皆有紱所以殊貴賤也自五霸遞興以紱非兵服於是去紱也殊名詭號千隊爲羣尚未足以爲比功上烈也至於山西旣定威臨天下謂誅隗囂公孫述戎羯喪其精膽羣帥賈其餘壯羯本匈奴別部分散居於上黨武鄉羯室因號羯胡此總謂戎夷耳不指於羯也左傳曰欲勇者賈余餘勇斯誠雄心尚武之幾先志翫兵之日幾會也翫習也先志者乘勝之志也臧宮馬武之徒撫鳴劍而抵掌志馳於伊吾

之北矣屈原曰撫長劒而玉珥曹植結交篇曰利劒鳴手中說文曰抵側擊也光武寶黃石存包桑周易否卦九五曰其亡其亡繫于包桑言聖人居天位不可以安常自危懼乃是繫于包桑也包本也繫于桑本言其固也閉玉門以謝西域之質卑詞幣以禮匈奴之使西域傳曰建武二十一年西域十八國俱遣子弟入侍天子以中國初定皆還其侍子匈奴傳曰建武二十八年匈奴遣使詣闕貢馬及裘乞和親帝報曰單于國內虛耗貢物裁以通禮何必馬裘今贈繒五百匹斬馬劒一是卑詞幣禮也其意防蓋已弘深豈其顛沛平城之圍忍傷黥王之陳乎平城縣名今雲州定襄縣高祖七年擊韓王信至平城被匈奴圍七日乃解十二年高祖親擊淮南王黥布在陳為流矢所中顛沛猶狼狽也顛音丁千反

贊曰吳公鷙彊寔為龍驤戰國策曰廉頗為人勇鷙而愛士白起視瞻不轉者執志彊也驤舉也若龍之舉言其威盛鄒陽曰神龍驤首奮翼則浮雲出流電埽羣孽風行巴梁虎牙猛力功立睢陽宮俊休休是亦鷹揚詩曰良士休休又曰惟師尚父時惟鷹揚

吳蓋陳臧列傳第八

後漢書十八

耿弇列傳第九 弟國 國子秉 秉弟夔 國弟子恭　　後漢書十九

唐章懷太子賢注

耿弇字伯昭扶風茂陵人也其先武帝時以吏二千石自鉅鹿徙焉武帝時徙吏二千石高貲富人及豪桀并兼之家於諸陵也父況字俠游以明經為郎與王莽從弟伋共學老子於安丘先生嵇康聖賢高士傳曰安丘望之字仲都京兆長陵人少持老子經恬淨不求進宦號曰安丘丈人成帝聞欲見之望之辭不肯見為巫醫於人間也後為朔調連率王莽改上谷郡曰朔調守曰連率弇少好學習父業袁崧書曰弇少學詩禮明銳有權謀常見郡尉試騎士建旗鼓肄馳射由是好將帥之事漢官儀曰歲終郡試之時講武勸兵因以校獵簡其材力也及王莽敗更始立諸將略地者前後多擅威權輒改易守令況自以莽之所置懷不自安時弇年二十一乃辭況奉奏詣更始因齎貢獻以求自固之宜及至宋子會王郎詐稱成帝子輿起兵邯鄲弇從吏孫倉衞包於道共謀曰劉子輿成帝正統捨此不歸遠行安之弇按劍曰子輿弊賊卒為降虜耳我至長安與國家

陳漁陽上谷兵馬之用還出太原代郡反覆數十日歸發突騎㠯
轔烏合之衆轔轢也音力刃反如摧枯折腐耳觀公等不識去就族滅不久
也倉包不從遂亡降王郎弇道聞光武在盧奴乃馳北上謁光武
留署門下吏弇因說護軍朱祐求歸發兵㠯定邯鄲光武笑曰小
兒曹乃有大意哉因數召見加恩慰續漢書曰弇還檄與況陳上功德自嫌年少恐不見信宜自來況得檄立發至昌平
見上也弇因從光武北至薊聞邯鄲兵方到光武將欲南歸召官屬計
議弇曰今兵從南來不可南行漁陽太守彭寵公之邑人寵南陽宛人也上
谷太守即弇父也發此兩郡控弦萬騎邯鄲不足慮也光武官屬
腹心皆不肯曰死尚南首柰何北行入囊中漁陽上谷北接塞垣至彼路窮如入囊也光武指
弇曰是我北道主人也會薊中亂續漢書曰弇歸主人食未已薊中擾亂上駕出南城門頗遮絕輜重城中相掠弇既與上相失
以馬與城門亭長乃得出也光武遂南馳官屬各分散弇走昌平就況昌平縣名屬上谷郡今幽州縣故城
在縣東也因說況使寇恂東約彭寵各發突騎二千匹步兵千人弇與景

丹寇恂及漁陽兵合軍而南所過擊斬王郎大將九卿校尉㠯下四百餘級得印綬百二十五節二斬首三萬級定涿郡中山鉅鹿清河河閒凡二十二縣遂及光武於廣阿是時光武方攻王郎傳言二郡兵爲邯鄲來衆皆恐旣而悉詣營上謁光武見弇等說曰當與漁陽上谷士大夫共此大功乃皆㠯爲偏將軍使還領其兵加況大將軍興義侯得自置偏裨弇等遂從拔邯鄲時更始徵代郡太守趙永而況勸永不應召令詣於光武光武遣永復郡永北還而代令張曅據城反畔乃招迎匈奴烏桓㠯爲援助光武㠯弇弟舒爲復胡將軍使擊曅破之永乃得復郡時五校賊二十餘萬北寇上谷況與舒連擊破之賊皆退走更始見光武威聲日盛君臣疑慮乃遣使立光武爲蕭王令罷兵與諸將有功者還長安遣苗曾爲幽州牧韋順爲上谷太守蔡充爲漁陽太守竝北之部時

光武居邯鄲宮晝臥溫明殿（漢趙王如意之殿也故基在今洺州邯鄲縣內）弇入造牀下請閒因說曰今更始失政君臣淫亂諸將擅命於畿內貴戚縱橫於都內（更始傳曰李軼朱鮪擅命山東王匡張卬橫暴三輔）天子之命不出城門所在牧守輒自遷易百姓不知所從士人莫敢自安虜掠財物劫掠婦女懷金玉者至不生歸元元叩心更思莽朝又銅馬赤眉之屬數十輩輩數十百萬聖公不能辦也（辦猶成也音蒲莧反）其敗不久公首事南陽破百萬之軍今定河北北據天府之地（前書曰關中所謂金城天府弇以河北富饒故以喻焉）以義征伐發號響應天下可傳檄而定天下至重不可令它姓得之聞使者從西方來欲罷兵不可從也今吏士死亡者多弇願歸幽州益發精兵以集其大計光武大悅（續漢書曰光武初見弇言起坐曰卿失言我斬卿弇曰大王哀厚弇如父子故披赤心爲大王陳事上曰我戲卿耳）乃拜弇爲大將軍與吳漢北發幽州十郡兵弇到上谷收韋順蔡充斬之漢亦誅苗曾於是悉發幽州兵引而南從光武擊破銅馬高湖赤眉青犢

又追尤來大槍五幡於元氏弇常將精騎爲軍鋒輒破走之光武乘勝戰愼水上虜危急殊死戰時軍士疲弊遂大敗奔還壁范陽數日乃振壁謂築壘壁也賊亦退去從追至容城小廣陽安次連戰破之容城縣名屬涿郡故城在今易州道縣也廣陽國有廣陽縣故曰小廣陽及安次縣各竝在今幽州也光武還薊復遣弇與吳漢景丹蓋延朱祜邳彤耿純劉植岑彭祭遵堅鐔王霸陳俊馬武十三將軍追賊至潞東及平谷平谷解見光武紀再戰斬首萬三千餘級遂窮追於右北平無終土垠之間無終土垠竝縣名屬右北平郡無終故城在今漁陽縣土垠故城在今平州西南垠音銀至浚靡而還浚靡縣名屬右北平故城在今漁陽縣北靡音麻賊散入遼西遼東或爲烏桓貊人所鈔擊略盡

光武即位拜弇爲建威大將軍與驃騎大將軍景丹彊弩將軍陳俊攻厭新賊於敖倉皆破降之建武二年更封好時侯食好時美陽二縣三年延岑自武關出攻南陽下數城穰人杜弘率其衆已從岑弇與岑等戰於穰大破之斬首三千餘級生獲其將士五千

餘人得印綬三百杜弘降岑與數騎遁走東陽弇從幸舂陵因見自請北收上谷兵未發者定彭寵於漁陽取張豐於涿郡還收富平獲索東攻張步以平齊地帝壯其意乃許之四年詔弇進攻漁陽弇以父據上谷本與彭寵同功又兄弟無在京師者自疑不敢獨進上書求詣洛陽詔報曰將軍出身舉宗爲國所向陷敵功效尤著何嫌何疑而欲求徵且與王常共屯涿郡勉思方略況聞弇求徵亦不自安遣舒弟國入侍帝善之進封況爲隃麋侯隃麋縣名屬右扶風故城在今隴州汧陽縣東南隃音踰乃命弇與建義大將軍朱祐漢忠將軍王常等擊望都故安西山賊十餘營皆破之望都縣名屬中山國堯母慶都山在南故以名焉故城在今定州唐縣東北故安縣名故城在今易州易縣東南時征虜將軍祭遵屯良鄉良鄉縣名屬涿郡驍騎將軍劉喜屯陽鄉陽鄉縣名屬涿郡故城在今幽州故安縣西北以拒彭寵寵遣弟純將匈奴二千餘騎寵自引兵數萬分爲兩道以擊遵喜胡騎經軍都軍都縣屬廣陽郡有軍都山在西北今幽州昌平縣舒襲破其

衆斬匈奴兩王寵乃退走況復與舒攻寵取軍都五年寵死天子嘉況功使光祿大夫持節迎況袁崧書曰使光祿大夫樊宏詔況曰惟況功大不宜監察從事邊郡寒苦不足久居其詣行在所賜甲第奉朝請封牟平侯遣弇與吳漢擊富平獲索賊於西原大破之降者四萬餘人因詔弇進討張步弇悉收集降卒結部曲置將吏率騎都尉劉歆太山太守陳俊引兵而東從朝陽橋濟河以度朝陽縣名屬濟南郡在朝水之陽今朝城在濟水北有漯河在今齊州臨濟縣東張步聞之乃使其大將軍費邑軍歷下歷下城在今齊州歷城縣也又分兵屯祝阿祝阿今齊州縣也故城在今山茌縣東北別於太山鍾城列營數十以待弇弇度河先擊祝阿自旦攻城未中而拔之故開圍一角令其衆得奔歸鍾城鍾城人聞祝阿已潰大恐懼遂空壁亡去費邑分遣弟敢守巨里巨里聚名也一名巨合城在今齊州全節縣東南也弇進兵先脅巨里使多伐樹木揚言以塡塞阬塹數日有降者言邑聞弇欲攻巨里謀來救之弇乃嚴令軍中趣修攻具宣勑諸部後三日當悉力攻巨里

城陰綏生口令得亾歸歸者㠯弇期告邑邑至日果自將精兵三萬餘人來救之弇喜謂諸將曰吾所㠯修攻具者欲誘致邑耳今來適其所求也卽分三千人守巨里自引精兵上岡阪爾雅曰山脊曰岡坡者曰阪乘高合戰大破之臨陳斬邑旣而收首級㠯示巨里城中城中兇懼兇恐懼聲音呼勇反費敢悉衆亾歸張步弇復收其積聚縱兵擊諸未下者平四十餘營遂定濟南時張步都劇使其弟藍將精兵二萬守西安西安縣名屬齊郡故城在今青州臨淄縣西北諸郡太守合萬餘人守臨淄相去四十里弇進軍畫中畫中邑名也畫音胡麥反故城在今西安城東南有澅水因名焉居二城之閒弇視西安城小而堅且藍兵又精臨淄名雖大而實易攻乃勑諸校會會猶集也後五日攻西安藍聞之晨夜儆守至期夜半弇勑諸將皆蓐食前書音義曰未起而牀蓐中食也會明至臨淄城護軍荀梁等爭之㠯爲宜速攻西安弇曰不然西安聞吾欲攻之日夜爲備臨淄出不意而至必驚擾吾攻之一日必

拔拔臨淄卽西安孤張藍與步隔絕必復亾去所謂擊一而得二者也若先攻西安不卒下頓兵堅城死傷必多縱能拔之藍引軍還奔臨淄并兵合埶觀人虛實吾深入敵地後無轉輸旬月之閒不戰而困諸君之言未見其宜遂攻臨淄半日拔之入據其城張藍聞之大懼遂將其眾亾歸劇弇乃令軍中無得妄掠劇下須張步至乃取之以激怒步步聞大笑曰以尤來大彤十餘萬衆吾皆卽其營而破之今大耿兵少於彼弇況之長子故呼爲大耿又皆疲勞足可摧乎乃與三弟藍弘壽及故大彤渠帥重異等兵重姓異名號二十萬至臨淄大城東將攻弇袁山松書曰弇上書曰臣據臨淄深塹高壘張步從劇縣來攻疲勞飢渴欲進誘而攻之欲去隨而擊之臣依營而戰精銳百倍以逸待勞以實擊虛旬日之閒步首可獲上是其計也弇先出淄水上與重異遇突騎欲縱弇恐挫其鋒令步不敢進故示弱以盛其氣乃引歸小城陳兵於內伏琛齊地記曰小城內有漢景王祠步氣盛直攻弇營與劉歆等合戰弇升王宮壞臺望之臨淄本齊國所都卽齊王宮中有壞臺也東觀

記作環臺視歆等鋒交乃自引精兵㠯橫突步陳於東城下大破之飛矢中弇股㠯佩刀截之左右無知者至暮罷弇明旦復勒兵出是時帝在魯聞弇爲步所攻自往救之未至陳俊謂弇曰劇虜兵盛可且閉營休士㠯須上來弇曰乘輿且到臣子當擊牛釃酒㠯待百官反欲㠯賊虜遺君父邪乃出兵大戰自旦及昏復大破之殺傷無數城中溝塹皆滿弇知步困將退豫置左右翼爲伏㠯待之兩傍伏兵如鳥之翼人定時步果引去伏兵起縱擊追至鉅昧水上鉅昧水名一名巨洋水在今青州壽光縣西八九十里僵尸相屬收得輜重二千餘兩步還劇兄弟各分兵散去後數日車駕至臨淄自勞軍羣臣大會帝謂弇曰昔韓信破歷下㠯開基前書曰齊屯田於歷下以備漢信擊破之今將軍攻祝阿㠯發迹此皆齊之西界功足相方而韓信襲擊已降前書曰酈食其說齊王田廣廣降之乃與食其縱酒罷守備韓信聞齊已降欲止蒯通說信令擊之食其音異基也將軍獨拔勍敵其功乃難於信也又田橫亨酈生及田橫降高

帝詔衞尉不聽爲仇(前書曰齊既破橫走居海島高帝召之橫曰臣亨陛下之使酈食其今聞其弟商爲衞尉臣恐懼不敢奉詔高帝詔酈商曰橫郎至敢動者族之)張步前亦殺伏隆若步來歸命吾當詔大司徒釋其怨(伏湛郎隆之父)又事尤相類也將軍前在南陽建此大策(謂弇從帝幸舂陵時請收上谷兵定彭寵取張豐平張步等)常以爲落落難合(落落猶疏闊也)有志者事竟成也弇因復追步步奔平壽(平壽縣名屬北海郡故城在今青州北海縣)乃肉袒負斧鑕於軍門(鑕鍖也示必死鍖音竹林反)弇傳步詣行在所而勒兵入據其城樹十二郡旗鼓(東觀記曰弇凡平城陽琅邪高密膠東東萊北海齊千乘濟南平原泰山臨淄等)令步兵各以郡人詣旗下衆尚十餘萬輜重七千餘兩皆罷遣歸鄉里弇復引兵至城陽降五校餘黨(祝阿餘黨也)齊地悉平振旅還京師六年西拒隗囂屯兵於漆(漆縣名屬右扶風故城在今豳州新平縣也漆水在西)八年從上隴明年與中郎將來歙分部徇安定北地諸營保皆下之弇凡所平郡四十六屠城三百未嘗挫折十二年況疾病乘輿數自臨幸復以國弟廣舉竝爲中郎將弇兄弟六人皆垂青紫省侍醫藥當代以爲榮

及況卒謚烈侯少子霸襲況爵十三年增封戶邑上大將軍印綬罷（上音時掌反）以列侯奉朝請每有四方異議輒召入問籌策年五十六永平元年卒謚曰愍侯子忠嗣忠以騎都尉擊匈奴於天山有功忠卒子馮嗣馮卒子良嗣一名無禁延光中尚安帝妹濮陽長公主位至侍中良卒子協嗣喻麋侯霸卒子文金嗣文金卒子喜嗣喜卒子顯嗣爲羽林左監顯卒子援嗣尚桓帝妹長社公主爲河陽太守後曹操誅耿氏唯援孫弘存焉（洪錄注云援字伯緒官至河東太守也）牟平侯舒卒子襲嗣尚顯宗女隆慮公主襲卒子寶嗣寶女弟爲清河孝王妃及安帝立尊孝王母爲孝德皇后以妃爲甘園大貴人帝以寶元舅之重使監羽林左車騎位至大將軍而附事內寵與中常侍樊豐帝乳母王聖等譖廢皇太子爲濟陰王及排陷太尉楊震議者怨之寶弟子承襲公主爵爲林慮侯（林慮即上隆慮也至此避殤帝諱改焉）位至侍中安帝

崩閻太后以寶等阿附嬖倖其爲不道策免寶及承皆貶爵爲亭侯遣就國寶於道自殺國除（決録注曰寶字君達）大貴人數爲耿氏請陽嘉三年順帝遂詔封寶子箕牟平侯爲侍中以恒爲陽亭侯承爲羽林中郎將其後貴人薨大將軍梁冀從承求貴人珍玩不能得冀怒風有司奏奪其封承惶恐遂亾匿於穰數年冀推迹得之乃并族其家十餘人

論曰淮陰廷論項王審料成埶則知高祖之廟勝矣（淮陰侯韓信也史記韓信說高祖曰項王特匹夫之勇婦人之仁也名雖霸實失天下心今大王入關秋毫無所取秦人無不欲得大王王秦者今大王舉而東三秦可傳檄而定於是漢王舉兵定三秦廟勝謂謀兵於廟而勝敵）弇決策河北定計南陽亦見光武之業成矣然弇自克拔全齊而無復尺寸功夫豈不懷（懷思也言豈不思重立大功乎）將時之度數不足以相容乎三世爲將道家所忌（史記曰秦使王翦之孫王離擊趙或曰王離秦之名將舉之必矣客曰不然夫將三代必敗以其殺伐多也其後受其不祥）而耿氏累葉以功名自終將其用兵欲以殺止殺乎何其獨能隆也

國字叔慮（東觀記慮作憲）建武四年初入侍光武拜爲黄門侍郎應對左右帝以爲能遷射聲校尉七年射聲官罷拜駙馬都尉父況卒國於次當嗣上疏以先侯愛少子霸固自陳讓有詔許焉後歷頓丘陽翟上蔡令所在吏人稱之徵爲五官中郎將是時烏桓鮮卑屢寇外境國素有籌策數言邊事帝器之及匈奴薁鞬日逐王比自立爲呼韓邪單于款塞稱藩願扞禦北虜事下公卿議者皆以爲天下初定中國空虛夷狄情僞難知不可許國獨曰臣以爲宜如孝宣故事受之（宣帝甘露二年呼韓邪單于款塞請朝帝發所過郡二千騎迎之寵以殊禮位在諸侯王上贊謁稱臣而不名）令東扞鮮卑北拒匈奴率厲四夷完復邊郡使塞下無晏開之警（晏晚也有警急則開門晚也）萬世有安寧之策也帝從其議遂立比爲南單于由是烏桓鮮卑保塞自守北虜遠遁中國少事二十七年代馮勤爲大司馬又上言宜置度遼將軍左右校尉屯五原以防逃亡永平元年卒官顯宗追

思國言後遂致度遼將軍左右校尉如其議焉國二子秉夔
秉字伯初有偉體腰帶八圍博通書記能說司馬兵法尤好將帥之略以父任爲郎數上言兵事常以中國虛費邊陲不寧其患專在匈奴以戰去戰盛王之道顯宗既有志北伐陰然其言永平中召詣省闥問前後所上便宜方略拜謁者僕射遂見親幸每公卿會議常引秉上殿訪以邊事多簡帝心十五年拜駙馬都尉十六年以騎都尉秦彭爲副與奉車都尉竇固等俱伐北匈奴虜皆奔走不戰而還十七年夏詔秉與固合兵萬四千騎復出白山擊車師車師有後王前王前王卽後王之子其廷相去五百餘里固以後王道遠山谷深士卒寒苦欲攻前王秉議先赴後王以爲并力根本則前王自服固計未決秉奮身而起曰請行前乃上馬引兵北入衆軍不得已遂進並縱兵抄掠斬首數千級收馬牛十餘萬

頭後王安得震怖從數百騎出迎秉而固司馬蘇安欲全功歸固即馳謂安得曰漢貴將獨有奉車都尉天子姊壻固尚光武女涅陽公主明帝姊也爵爲通侯當先降之安得乃還更令其諸將迎秉秉大怒被甲上馬麾其精騎徑造固壁言曰車師王降訖今不至請往梟其首固大驚曰且止將敗事秉厲聲曰受降如受敵遂馳赴之安得惶恐走出門脫帽抱馬足降東觀記曰脫帽趨抱馬蹏也秉將以詣固其前王亦歸命遂定車師而還明年秋肅宗即位拜秉征西將軍遣案行涼州邊境勞賜保塞羌胡進屯酒泉罷戊己校尉建初元年拜度遼將軍視事七年匈奴懷其恩信徵爲執金吾甚見親重帝每巡郡國及幸宮觀秉常領禁兵宿衞左右除三子爲郎章和二年復拜征西將軍副車騎將軍竇憲擊北匈奴大破之事幷見憲傳封秉美陽侯食邑三千戶秉性勇壯而簡易於事軍行常自被甲在前休止不結

營部然遠斥候明要誓有警軍陳立成士卒皆樂爲死永元二年代桓虞爲光祿勳明年夏卒時年五十餘賜以朱棺玉衣將作大匠穿冢假鼓吹五營騎士三百餘人送葬謚曰桓侯匈奴聞秉卒舉國號哭或至棃面流血〔棃卽剺字古通用也剺割也音力私反〕長子沖嗣及竇憲敗以秉竇氏黨國除沖官至漢陽太守曾孫紀少有美名辟公府曹操甚敬異之稍遷少府紀以操將篡漢建安二十三年與太醫令吉丕〔丕或作平〕丞相司直韋況晃煜謀起兵誅操不克夷三族于時衣冠盛門坐紀罹禍滅者衆矣

夔字定公少有氣決永元初爲車騎將軍竇憲假司馬北擊匈奴轉車騎都尉三年憲復出河西以夔爲大將軍左校尉將精騎八百出居延塞直奔北單于廷於金微山斬閼氏名王已下五千餘級單于與數騎脫亡盡獲其匈奴珍寶財畜去塞五千餘里而還

自漢出師所未嘗至也乃封夔栗邑侯栗邑縣名屬左馮翊故城在今同州白水縣西北會北單于弟左鹿蠡王於除鞬自立爲單于衆八部二萬餘人來居蒲類海上遣使款塞以夔爲中郎將持節衛護之及竇憲敗夔亦免官奪爵土後復爲長水校尉拜五原太守遷遼東太守元興元年貊人寇郡界夔追斬其渠帥永初三年南單于檀反畔使夔率鮮卑及諸郡兵屯鴈門與車騎將軍何熙共擊之熙推夔爲先鋒而遣其司馬耿溥劉祉將二千人與夔俱進到屬國故城單于遣薁鞬日逐王三千餘人遮漢兵夔自擊其左令鮮卑攻其右虜遂敗走追斬千餘級殺其名王六人獲穹廬車重千餘兩馬畜生口甚衆鮮卑馬多羸病遂畔出塞夔不能獨進以不窮追左轉雲中太守後遷行度遼將軍事夔勇而有氣數侵陵匈奴中郎將鄭戩音翦元初元年坐徵下獄以減死論笞二百建光中復拜度遼將軍時鮮

車攻殺雲中太守成嚴圍烏桓校尉徐常於馬城（馬城縣名屬代郡故城在今雲州定襄縣秦始皇初築城輒崩壞其後有馬周章馳走因隨馬迹起城故以名焉）夔與幽州刺史龐參救之追虜出塞而還後坐法免卒於家

恭字伯宗國弟廣之子也少孤慷慨多大略有將帥才永平十七年冬騎都尉劉張出擊車師請恭爲司馬與奉車都尉竇固及從弟駙馬都尉秉破降之始置西域都護戊己校尉乃以恭爲戊己校尉屯後王部金蒲城（金蒲城車師後王城廷也今延州蒲昌縣城是也）謁者關寵爲己校尉屯前王柳中城（柳中卽今西州縣）屯各置數百人恭至部移檄烏孫示漢威德大昆彌已下皆歡喜遣使獻名馬及奉宣帝時所賜公主博具（武帝元封中遣江都王建女細君爲公主嫁與烏孫昆莫賜乘輿服御官屬侍御數百人贈送甚盛蓋後宣帝賜以博具也）願遣子入侍恭乃發使齎金帛迎其侍子明年三月北單于遣左鹿蠡王二萬騎擊車師恭遣司馬將兵三百人救之道逢匈奴騎多皆爲所殁匈奴遂破殺

後王安得而攻金蒲城恭乘城搏戰以毒藥傅矢傳語匈奴曰漢家箭神其中瘡者必有異因發彊弩射之虜中矢者視創皆沸遂大驚會天暴風雨隨雨擊之殺傷甚眾匈奴震怖相謂曰漢兵神眞可畏也遂解去恭以疏勒城傍有澗水可固五月乃引兵據之七月匈奴復來攻恭恭募先登數千人直馳之胡騎散走匈奴遂於城下擁絕澗水恭於城中穿井十五丈不得水吏士渴乏笮馬糞汁而飲之笮謂壓笮也恭仰歎曰聞昔貳師將軍拔佩刀刺山飛泉涌出貳師大宛中城名昔武帝時使李廣利伐大宛期至貳師城因以爲號也今漢德神明豈有窮哉乃整衣服向井再拜爲吏士禱有頃水泉奔出眾皆稱萬歲乃令吏士揚水以示虜東觀記曰恭親自挽籠於是令士且勿飲先和泥塗城并揚示之虜出不意以爲神明遂引去時焉耆龜茲攻歿都護陳睦北虜亦圍關寵於柳中會顯宗崩救兵不至車師復畔與匈奴共攻恭恭厲士眾擊走之後王夫人先世漢人常

私吕虜情告恭又給吕糧餉數月食盡窮困乃煮鎧弩食其筋革恭與士推誠同死生故皆無二心而稍稍死亾餘數十人單于知恭已困欲必降之復遣使招恭曰若降者當封爲白屋王妻吕女子恭乃誘其使上城手擊殺之炙諸城上虜官屬望見號哭而去單于大怒更益兵圍恭不能下初關寵上書求救時肅宗新即位乃詔公卿會議司空第五倫吕爲不宜救司徒鮑昱議曰今使人於危難之地急而棄之外則縱蠻夷之暴內則傷死難之臣誠令權時後無邊事可也匈奴如復犯塞爲寇陛下將何吕使將又二部兵人裁各數十（二部謂關寵及恭也）匈奴圍之歷旬不下是其寡弱盡力之効也可令敦煌酒泉太守各將精騎二千多其幡幟倍道兼行吕赴其急匈奴疲極之兵必不敢當四十日間足還入塞帝然之乃遣征西將軍耿秉屯酒泉行太守事遣秦彭與謁者王蒙皇甫援

發張掖酒泉敦煌三郡及鄯善兵合七千餘人建初元年正月會柳中擊車師攻交河城前書曰車師前王居交河城河水分流遶城下故號交河去長安八千一百五十里故城在今西州交河縣也斬首三千八百級獲生口三千餘人駝驢馬牛羊三萬七千頭北虜驚走車師復降東觀記曰車師太子比持訾降會關寵已歿蒙等聞之便欲引兵還先是恭遣軍吏范羌至敦煌迎兵士寒服羌因隨王蒙軍俱出塞羌固請迎恭諸將不敢前乃分兵二千人與羌從山北迎恭遇大雪丈餘軍僅能至城中夜聞兵馬聲以爲虜來大驚羌乃遥呼曰我范羌也漢遣軍迎校尉耳城中皆稱萬歲開門共相持涕泣明日遂相隨俱歸虜兵追之且戰且行吏士素飢困發疏勒時尚有二十六人隨路死沒三月至玉門玉門關名屬敦煌郡在今沙州臣賢案酒泉郡又有玉門縣據東觀記曰至敦煌明卽玉門關也唯餘十三人衣屨穿決形容枯槁中郎將鄭衆爲恭已下洗沐易衣冠上疏曰耿恭以單兵固守孤城當匈奴之衝對數萬之衆連月

踰年心力困盡鑿山爲井煑弩爲糧出於萬死無一生之望前後殺傷醜虜數千百計卒全忠勇不爲大漢恥恭之節義古今未有宜蒙顯爵以厲將帥及恭至雒陽鮑昱奏恭節過蘇武宜蒙爵賞於是拜爲騎都尉以恭司馬石修爲雒陽市丞張封爲雍營司馬軍吏范羌爲共丞（共今衞州共城縣）餘九人皆補羽林恭母先卒及還追行喪制有詔使五官中郎將（按東觀記馬嚴）齎牛酒釋服（奪情不令追服）明年遷長水校尉其秋金城隴西羌反恭上疏言方略詔召入問狀乃遣恭將五校士三千人副車騎將軍馬防討西羌恭屯枹罕數與羌接戰明年秋燒當羌降防還京師恭留擊諸未服者首虜千餘人獲牛羊四萬餘頭勒姐（姐音紫又子也反）燒何羌等十三種數萬人皆詣恭降初恭出隴西上言故安豐侯竇融昔在西州甚得羌胡腹心今大鴻臚固即其子孫前擊白山功冠三軍宜奉大使鎮撫涼部令車騎將

軍防屯軍漢陽旨為威重由是大忤於防【忿恭薦竇固奪其權】及防還監營謁者李譚承旨奏恭不憂軍事被詔怨望坐徵下獄免官歸本郡卒於家子溥為京兆虎牙都尉【溥音普漢官儀曰京兆虎牙都尉扶風郡比二千石以涼州近羌數犯三輔將兵護園陵】元初二年擊畔羌於丁奚城軍敗遂歿詔拜溥子宏暠並為郎暠字季遇順帝初為烏桓校尉【遇或作過】時鮮卑寇緣邊殺代郡太守暠率烏桓及諸郡卒出塞討擊大破之鮮卑震怖數萬人詣遼東降自後頻出輒克獲威振北方遷度遼將軍耿氏自中興已後迄建安之末大將軍二人將軍九人卿十三人尚公主三人列侯十九人中郎將護羌校尉及刺史二千石數十百人遂與漢興衰云

論曰余初讀蘇武傳感其茹毛窮海不為大漢羞【蘇武武帝時使匈奴匈奴乃幽囚武於大窖中絕不飲食天雨雪武臥齧雪與氊毛并咽之數日不死匈奴以為神乃徙武北海上無人處二十年乃還也】後覽耿恭疏勒之事喟然不覺涕之無從嗟哉義重於生已至是乎【孟子曰生者我所欲義者亦我所欲二者不可俱捨生而取義也】昔

曹子抗質於柯盟曹子魯大夫曹劌也一曰曹沬史記曰齊桓公與魯莊公會於柯而盟曹沬執匕首劫齊桓公曰齊彊魯弱而大國侵魯亦已甚矣今城壞壓境君其圖之桓公乃盡還魯之侵地而與之盟相如申威於河表相如解見寇恂傳也蓋已決一旦之負異乎百死之地也已為二漢當疏高爵宥十世左傳曰晉范宣子之殺叔向之弟羊舌虎而囚叔向於是祁奚聞之見宣子曰謀而鮮過惠訓不倦者叔向有焉猶將十世宥之以勸能者也而蘇君恩不及嗣蒸亦終填牢戶追誦龍蛇之章已為歎息史記曰晉文公返國賞從亾者介子推不言祿祿亦不及縣書宮門曰龍欲上天五蛇為輔龍已升天四蛇各入其宇一蛇獨怨終不見處也

贊曰好時經武能畫能兵往收燕卒來集漢營請間趙殿釃酒齊城況舒卒從亦既有成國圖久策分此凶狄謂耿國議立日逐王為南單于由是鮮卑保塞自守北虜遠遁也秉洽胡情變單虜迹慊慊伯宗枯泉飛液

耿弇列傳第九

金陵書局仿汲古閣本刊

後漢書十九

傳古樓景印